夏商周断代工程之批判

Critique of the Xia-Shang-Zhou Chronology Project

蒋祖棣

Jiang Zudi

溪流出版社

Fellows Press of America, Inc.

Critique of the Xia-Shang-Zhou Chronology Project   By Jiang Zudi

夏商周断代工程之批判   蒋祖棣

First published in 2024 by Fellows Press of America, Inc.

P. O. Box 93, Keller, Texas 76244

ISBN: 1-933447-67-2;   978-1-933447-67-4

Published Date: April, 2024

Cover Designed by Jiang Zudi

Web: http://www.fellowspress.com
E-mail: fellowspress@yahoo.com
Tel: (817) 545-9866

目录

附件 73

夏商周断代工程之批判

提要

根据西汉司马迁《史记》的记载，中国历史的精确纪年始于西周共和元年（841 BC）。1995 年，国家科学技术委员会主任宋健在访问埃及的行程中了解到：中国的精确历史纪年比起埃及等古代文明较晚，他便设想：以他主管的国家五年计划，动用全国力量，便可以把中国的精确纪年向前推到夏代，或者至少商代。在宋健的推动下，中国政府 1996 年组织成立了属于中国第九个“五年计划”（1996-2000）的夏商周断代工程。工程的年代研究由中国历史研究所所长李学勤负责，并且从全国三十多个大学、研究所等召集了一百七十多名相关的教授、研究员加入工程进行研究。

2000 年 11 月，夏商周断代工程发表《简本》报告，随即遭到海内外学术界的批评。在 2002 年 4 月芝加哥大学举行的讨论会上，笔者以斯坦福大学兼职研究员的身份对《简本》提出了质疑。参加会议的工程高层考古和碳十四专家同意了笔者的质疑，承认了笔者指出的《简本》报告的若干关键错误和问题。2002 年 5 月 24 日，北京的《中国文物报》也对此做了报道。三个月之后，在李学勤的授意之下，《中国文物报》发表文章，否认了 5 月份《中国文物报》对芝加哥会议的报道，并且发布谣言歪曲芝加哥会议发生过的事实。这说明断代工程没有能力反驳芝加哥会议对《简本》的批评意见，也不准备改正《简本》的错误。可是，断代工程内部大多数学者却同意笔者对《简本》的批评。由于工程内外多数学者不同意《简本》年代研究方法和结论，夏商周断代工程多年来处于搁浅状况，政府也终止了在中国中小学教科书中使用《简本》“夏商周年表”的计划。2002 年 9 月，笔者在芝加哥会议批评工程年代研究的文章，发表在中国考古界为纪念考古学会会长宿白先生八十寿辰编辑的文集上。此后，《简本》的研究遭到海内外越来越多的批评，逐渐成为中国学术研究上一个失败的范例。

2022 年，《夏商周断代工程报告》出版。这部报告不仅没有更正《简本》的主要错误，还把《简本》的全部关键错误照搬到新出版的报告之中。更有甚者，新出版的这部报告完全不提及二十年来海内外学术界对《简本》的批评。这在中国学术研究的历史上以白纸黑字创下了公然违背学术道德，使用非学术研究的手段编写研究报告的先例。由于工程负责人利用他们不可一世的权力如此大胆地编写和推出这样的《夏商周断代工程报告》，笔者使用“欺世之作”来形容这部报告。

本书的写作有两个重点：一、回顾 2002 年芝加哥会议的情况，以及芝加哥会议之后中国学术界和断代工程内部关于芝加哥会议成果的较量；二、进一步揭露夏商周断代工程的关键错误，揭露《夏商周断代工程报告》如何不顾起码的学术道德坚持错误、一意孤行。读者可以翻阅本书，对《夏商周断代工程报告》这部欺世之作有更多了解。

本书的结论是：根据目前可靠的证据，中国历史精确纪年的开始年代，仍然还是依据《史记》的记载为妥。

Critique of the Xia-Shang-Zhou Chronology Project

Jiang Zudi

Abstract

According to the "*Shi Ji*" (*Records of the Grand Historian*) written by Sima Qian in the Western Han Dynasty (202 BC – 9 AD), the precise chronology of

Chinese history began in the first year of the Gonghe Regency (841 BC). In 1995, Song Jian, the Director of China's State Science and Technology Commission, traveled to Egypt and discovered that the beginning of China's true historical chronology was later than that of other ancient civilizations like Egypt. Upon this discovery, he proposed, with the power of the whole country, to push the accurate year of Chinese chronology back to the Xia Dynasty (21st – 16th century BC) or the Shang Dynasty (16th – 11th century BC). Under Song Jian's supervision, the Chinese government launched the Xia–Shang–Zhou Chronology Project as part of China's Ninth "Five-Year Plan" (1996 – 2000). Li Xueqin, the Director of the Institute of Chinese History, took charge of the project, calling on over 170 related professors and researchers from over 30 universities and research institutes across the country to carry on the Chronology Project.

In November 2000, the Xia–Shang–Zhou Chronology Project published its initial research results in the "Short Version" report, which was immediately criticized by academic circles internationally. At a conference held at the University of Chicago in April 2002, I, as a Research Fellow of Asian Religions and Culture Initiative in Stanford University, questioned the validity of the "Short Version" report. The project's archaeology and ^{14}C experts who participated in the meeting agreed with my doubts and acknowledged some key errors and problems reported in the "Short Version ". On May 24, 2002, "China Cultural Relics News" in Beijing reported on the conference, including the key errors and problems raised by me and agreed by the project's experts. Three months later, under the instruction of Li Xueqin, the "China Cultural Relics News" published an article nullifying their May report on the Chicago meeting and denied the true results of the Chicago Conference, showing that the project was unable to refute the Chicago Conference's criticisms of the "Short Version" or correct the mistakes acknowledged by project experts at the conference. However, most scholars involved in the Chronology

Project agreed with the criticism of the "Short Version" that I raised with regards to the research methods and dating conclusions of the project. As a result of their disapproval, the Xia–Shang–Zhou Chronology Project has been shelved for many years and the government also suspended its plan to adopt the project's "Xia–Shang–Zhou Chronology Table" for Chinese schoolbooks.

In September 2002, the critical article that I had presented at the Chicago Conference was selected for inclusion into the anthology compiled by the Chinese archaeological community to commemorate the 80th birthday of Prof. Su Bai, the President of the Chinese Archaeological Society. Since then, the study of the "Short Version" has been criticized so heavily that it is seen as entirely unsuccessful .

In 2022, the "*Xia–Shang–Zhou Chronology Project Report*" was published in Beijing by the Chronology Project. This report did not correct but instead copied all of the key errors in the "Short Version" into the newly published report. The newly published also made no mention of, nor did it acknowledge, the criticisms raised by domestic and international academic circles over the past two decades about the Project. This has set a dangerous, never-before-seen precedent in the history of Chinese academic research that blatantly violates academic ethics and uses non-academic research methods to compile research reports. Because of this, I have to describe the "*Xia–Shang–Zhou Chronology Project Report*" as a work of deceiving the world.

This book has two parts: first, to review the conclusions of the Chicago Conference in 2002 and the struggle among Chinese academic circles on the conference's results; and second, to further expose the key errors of the Xia, Shang and Zhou Chronology Project, and explain how the "*Xia–Shang–Zhou Chronology Project Report*" disregarded basic academic ethics and failed to correct its mistakes.

With current evidence, the precise year of Chinese chronology should still be based on the records of "*Shi Ji*".

夏商周断代工程之批判

缘起

2000 年 10 月，夏商周断代工程（以下简称工程）推出了《夏商周断代工程：1996-2000 年阶段成果报告（简本）》[1]（以下称《简本》)。《简本》出版之后，便受到来自海内外的大量批评。笔者 2002 年 4 月撰写的《西周年代之疑问——对夏商周断代工程方法论的批评》[2]（附件 1，以下称蒋文）是当时批评夏商周断代工程的一个主要代表。2002 年 6 月前后，工程曾几次组织专家会议，试图回应和批驳蒋文，反对工程研究方法和年代结论的更多学者则大力支持蒋文，并且促成了蒋文在国内的公开发表。当时学界的学术风气尚正，学者们对工程存在的问题尚可公开讨论。工程《简本》和蒋文成为当年界内正反双方交锋和较量的一个焦点。本文回顾二十年前的这次较量，再次批判夏商周断代工程，揭露工程以学术研究之名发表的《简本》，并非严格遵循学术规范进行年代研究的作品，也不是工程参加者的集体创作，其年代研究法和主要年代结论皆为工程“首席科学家”的个人专断，是这几位人士借用工程专家组的名义强行推出的个人“私货”。

---

1 夏商周断代工程专家组：《夏商周断代工程 1996-2000 年阶段成果报告(简本)》，世界图书出版公司，北京，2000 年 10 月。

2 蒋祖棣：《西周年代研究之疑问——对夏商周断代工程方法论的批评》，《宿白先生八秩华诞纪念文集》编辑委员会编：《宿白先生八秩华诞纪念文集》，第 89-108 页。文物出版社，北京，2002 年 9 月。

二十多年来，面对《简本》受到的海量批评，工程几位“首席科学家”除了到处宣称“断代工程受到批评是正常现象”之外，从未公开、具体地回应任何学者指出的工程年代研究的错误，也从未公开采纳过任何批评意见。即便两位身为工程专家组成员的天文史家先后公开发表文章，切实证明了《简本》进行克商年天文推算所依据的文献记载并非当时的观测实录，不能据此推求克商年、另一位工程专家组成员的碳十四（^{14}C）专家更亲自领导北大^{14}C团队，对沣西^{14}C样品重新计算，在国际知名的学术刊物上发布了比《简本》加倍宽泛的“克商年范围”，这些出自工程专家组成员、经过工程内部多数天文、碳十四专家公开签署、科学性更高、切实证明了《简本》错误的意见，仍然不能得到工程领导者和“首席科学家”的重视。工程一次次错失纠正《简本》错误的机会，以致工程的年代研究多年来一直处于烂尾状态。

2022 年，断代工程推出了《夏商周断代工程报告》[3]（以下称《全本》）。《全本》完全照搬《简本》的研究方法和年代结论，承袭《简本》的主要关键错误，并且不采用、不征引、不理会二十年来海内外学者或工程专家组成员发表的任何对《简本》的批评意见。这创下了学术研究中少见的无视学术批评、坚持错误的范例。说明《全本》是工程负责人凭借主持“国家工程”得到的掌控历史考古界的权力强行推出的作品，是一部假冒学术研究之名的欺世之作。批判这部为本世纪学术研究留下污点的作品，表明不与此欺世之作同流合污，是良心尚存的吾辈学人应有的操守和责任。

批判这部可谓学术史之污点的断代工程《全本》报告，当代国内的学者，尤其是年轻一代的学人，本应负担主要的责任。可是由于当前国内学术环境很大程度上受到李学勤一派的控制或影响，学者们难以对《全本》公开发声。但这并不说明学术界认可了这部作品。笔者当年处于与工程和《简本》对立的前沿，对断代工程的缺陷有较深的认识，加上《全本》和相关报道竟然把笔者非常尊敬和了解的几位已故的老师当作招牌来宣扬《全本》，这令笔者难

3 夏商周断代工程专家组：《夏商周断代工程报告》，科学出版社，北京，2022 年 6 月。

以接受，无法继续沉默。不得不再次动笔，批判工程的《简本》、《全本》，指出这两部报告的关键错误。揭露工程负责人名重识暗，拒不改正自己领导工程所犯的严重错误，却再三使用非学术手段对待学术批评的真实面目。

关于工程的成立

1995 年，中国政府代表团访问埃及。代表团的李铁映、宋健等政府高官在访问过程中了解到：精确的中国历史纪年开始于西周晚期的共和元年（公元前 841 年）。这与埃及等世界古代文明区的精确历史纪年相比，尚有较大差距。身为国家科学技术委员会主任的宋健了解到这个情况之后，当即产生了以举国之力改写中国古代纪年的想法。宋健设想，用他主管的国家工程的方式，以倾国之力对中国古代纪年问题进行研究，便可达到上推中国古代纪年的目的。这个工程，可以列入国家五年计划，作为国家重点工程限期解决，目标是将准确的中国历史纪年，由西周共和元年向前推进到夏代，或者至少商代[4]。

代表团回国后不久，当时身为中国社会科学院历史研究所所长的李学勤，便在北京召集了一个由十多位历史、考古界最负盛名的有关学者参加的会议。在会上，李学勤传达了宋健关于改写中国历史纪年的提议。通过简短的讨论，与会的学者一致认为，目前并不具备改写中国纪年的条件。会议很快形成了结论，责成李学勤向宋健报告，有关改写中国古代纪年的提议不可行。李学勤在会上表示同意大家的意见，承诺向宋健报告这次会议得出的结论。

---

4 本文这段文字的大意，以及夏商周断代工程由时任国务委员宋健倡议和启动的信息，可参见《全本》的相关描述，亦可见于国内许多关于夏商周断代工程的报道或叙述，在此不一一征引出处。

参加这次会议的北京大学考古系教授邹衡、中国历史博物馆馆长俞伟超两位先生都向我们介绍过这次会议的情况。俞老师还说，他后来是从电视新闻才知道夏商周断代工程成立了。“除了李学勤，那天我们所有参加那个会的人都靠边站了”。俞老师的这番话，他跟他周围的很多人都说过，这也说明，工程其他几位“首席科学家”当年的名望尚不够高，还没有受到邀请参加这次会议。李学勤的投机行为，引起了所有参加这次会议的学者以及其他知情学者的不满。后来我们知道，李学勤是由宋健的秘书介绍给宋健的。这位秘书的夫人朱学文毕业于北大历史系，后来还成为工程项目办公室的主任。

显然是经宋健一手安排，夏商周断代工程被列入国家第九个五年计划，并且成为九五计划中的国家重点科技攻关项目。工程的领导小组由政府相关部门的官员组成[5]。宋健指定李学勤担任工程“专家组”组长，由李学勤选定了李学勤、李伯谦（北京大学考古系教授）、仇士华（中国社会科学院考古研究所研究员）、席泽宗（中国科学院自然科学史研究所研究员）四位担任工程“首席科学家”。然后由李学勤和其他“首席科学家”选择了二十一位 “专家组”成员，再从全国三十多个高校和研究机构选出一百七十多位教授、研究员成为工程的研究人员[6]。关于工程专家组的一些具体情况，以及工程推出《简本》的一些内幕，可以参考本书附件 2：邹衡先生 2000 年 1 月致笔者的信。笔者 1982 年初北京大学本科毕业留校，进入由邹衡先生领导的北大历史系考古专业商周考古教研室，担任邹衡先生的助教（该教研室当时有邹衡、李伯谦和笔者三位教员）。邹衡先生还是笔者的硕士、博士指导老师。他是工程专家组成员，工程夏代组组长，全程参加了工程的专家会议和相关会议。

5 夏商周断代工程由当时的国家科学技术委员会副主任邓楠任组长，国家自然科学基金委员会副主任陈佳洱任副组长。小组成员有国家教育委员会副主任韦珏、中国科学院副院长路甬祥、中国社会科学院副院长藤藤、国家文物局局长张德勤、中国科学技术协会书记处书记刘恕、国家科学技术委员会社会发展司司长甘师俊。详见《全本》第 2 页。

6 工程专家组成员及参加人员、所属单位的详情可见《全本》附录六，第 534 页。

回到关于工程的启动。成立所谓“夏商周断代工程”，或以倾国之力限期改写中国古代纪年的设想，并非出自相关学术研究机构的缜密规划，也不是出于历史、考古学者的成熟思考，而是出自一个主管国家科技工程、未经历史或相关学科训练、历史知识也不够丰富的政府高官的想法；当时历史、考古界德高望重的学者都不同意宋健的这一构想，一致认为条件尚不具备，不可强行修改中国古代纪年；所谓工程“首席科学家”、“专家组”的设立，没有经过任何学术机构的讨论或推选，基本上是李学勤一个人的决定；由一个人挑选“首席科学家”、几个人挑选“专家组”成员和工程人员，把学术声望更高、更有真才实学的学者排斥在“首席科学家”或“专家组”之外，把众多具有专业知识的学者排斥在工程的年代研究之外。这样的历史年代研究工程，从一开始就背离了“百花齐放”、“百家争鸣”、“学术严谨”、“学术公正”等起码的学术道德准则；一开始就成为李学勤等人借宋健之力在界内操弄政治、拉帮结派、排斥异己、压制不同意见的工具。因此，夏商周断代工程的启动，就是当代中国学术界一个大的悲剧的开始。

笔者对工程和《简本》的公开批评

笔者 1990 年初离开北大来到美国后，一直与邹衡先生、李伯谦老师、师兄刘绪（1983 年北大考古系硕士毕业后进入商周教研室，后为北京大学考古文博学院教授、副院长）等保持着联系，与考古的同行、同学、学生和其他故交也时有联系。1996 年夏商周断代工程启动后，工程就成为我们交流的一个话题。当听说工程要以沣西考古遗迹的 ^{14}C 数据来缩小克商年的范围，我还给李伯谦老师写过信，表达过对于克商年研究，使用 ^{14}C 测年的方法并不妥当的看法。李老师给我的回信我还有保存，不过他没有回应我关于避免对沣西遗存使用 ^{14}C 测年进行克商年研究的建议。

我在硅谷也结识了旧金山湾区几位研究中国历史的学者。1997 年起我在硅谷的英特尔（Intel）公司设计技术部担任高级工程师。1999 年，我在英特尔的工作已经得心应手，于是在斯坦福大学东亚系的亚洲宗教文化研究中心申请到兼职研究员（Research Fellow, Asian Religions and Culture Initiative, Stanford University）的职位。有了斯坦福大学研究员的证件，我便可以利用斯坦福大学所有的图书馆，做自己熟悉的中国古代文明研究。

当时亚洲宗教文化研究中心一共有八位兼职研究员，其中一位是斯坦福大学讲授中国古代哲学和历史的资深教授倪德卫（David Nivision）。这位先生的履历不凡：他 1940 年考上哈佛大学，二战打断了他的学业，他便加入美军担任日文翻译。二战胜利后，他继续哈佛的学业。在哈佛学习时，他的老师中有创办哈佛燕京学社的洪业（William Hung）先生，以及胡适的好友杨联升先生。受洪、杨等先生的影响，倪德卫逐渐对中国古代哲学、古代历史产生了兴趣。倪德卫 1948 年进入斯坦福大学任教。从五十年代起，世界各地出版社出版了倪德卫教授十几本英文、中文关于中国古代哲学、儒教、孔子、中国上古年代和《竹书纪年》的研究专著。倪德卫还担任过斯坦福大学哲学系系主任，他的很多学生都是当今西方学术界研究中国历史的知名学者。

倪德卫后期的研究专注于中国上古年代，因此与李学勤、张培瑜（中国科学院紫金山天文台研究员）等人有比较密切的联系。我加入亚洲宗教文化研究中心以后，也成了倪德卫家的常客。我们所讨论的几乎全是中国年代研究、断代工程的研究和倪德卫关于《竹书纪年》的研究。我了解到，夏商周断代工程启动之后，倪德卫十分关心，对断代工程十分看好，一心想参与或协助工程的研究。可是几年过后，他明显感受到李学勤对他的冷漠和排斥。为此张培瑜先生还给他写过多封信件，对他表示同情和安慰。倪德卫有时也会让我读他收到的来自国内的这些信件。

倪德卫与遍布世界的他的学生和同行保持着密切的交流，讨论的主要话题便是中国年代研究、断代工程以及相关的信息。随着我和他交往的增多，他也把我加到他们关于中国年代学研究的一个邮件群里。在这个邮件群，他们除了分享中国古代年代研究的材料、断代工程的信息、讨论工程年代研究的方法、研究证据存在的问题之外，李学勤如何对他们说一套做一套、李学勤如何阻止国内刊物发表他们关于中国年代研究的中文稿或中文译稿、工程如何剽窃各国学者的研究成果、他们怎样可以通过国际司法程序提出工程剽窃他人学术成果的法律诉讼、甚至李学勤当年怎样批判陈梦家、以致陈梦家先生自杀等都在话题之列。我虽然从未在这个群里发言，但这些邮件让我加深了对倪德卫和他的阵营的了解。

2000 年，工程准备 11 月 10 日在北京保利中心正式发布《简本》。《纽约时报》驻北京的首席记者埃克霍姆（Erik Eckholm）为此准备了一篇评论夏商周断代工程和《简本》的文章。在工程发布《简本》的同一天，《纽约时报》便刊登了这篇由埃克霍姆署名的文章[7]。在这篇文章中，埃克霍姆引用了倪德卫教授的一句话："International scholars were likely to tear the report to pieces."（"国际学者会把这份报告撕成碎片"）。这句话成了国际学术界广泛流传的、评论断代工程的一句名言，这也让倪德卫被一些中国媒体戴上了"帝国主义分子"的帽子。我在这里对我认识的倪德卫教授做些介绍，希望读者知道更多细节，对这位在中国古代思想和历史纪年研究上非常有造诣的学者增加一些了解。

倪德卫通过多年的研究，对中国上古年代有自己一整套的见解，对《简本》的研究方法和年代结论发表过诸多批评意见。大约 2001 年 11 月的一天在斯坦福大学的教员餐厅，倪德卫告诉我，他申请了在 2002 年 4 月召开的美国亚洲研究学会（AAS, Association for Asian Studies）的年会上，设立一个夏

---

[7] Erik Eckholm，*In China, Ancient History Kindles Modern Doubts*, New York Times, Nov. 10, 2000, New York，USA.（埃克霍姆：《在中国，古代历史所引发的现代怀疑》，《纽约时报》，2000 年 11 月 10 日）。顺便说一句，在《简本》发表之前，美国为公开批评夏商周断代工程做准备的媒体不止《纽约时报》一家。就我所知，美国《国家地理杂志》（National Geographic）也曾委托斯坦福大学的中国研究中心，对断代工程加以评论。该中心曾邀请我对工程发表评论，我婉拒了这个邀请。因为当时我对公开批评夏商周断代工程仍持有很强的回避态度。

商周断代工程的专题。他是专题召集人，邀请工程派员来美国，到这个专题和美国学者进行辩论。他跟我说："AAS 已经批准了我的申请，向他们发出了邀请"。他还说："我保证他们不会派人过来跟我们辩论。[8]"

大约过了两个星期，一天晚上十二点多，倪德卫非常着急地给我打电话，告诉我工程回复了 AAS 的邀请，准备派李学勤、仇士华、张培瑜和张长寿四位高层级专家赴美，到 AAS 的断代工程专题和他们辩论（后来我们从参加芝加哥会议的几位工程专家了解到，宋健得知美国 AAS 年会设立了这个专题之后，指示李学勤赴美，并且下令务必在这场辩论中获胜）。

显然，倪德卫对工程派遣如此强大的阵容到 AAS 他的专题非常意外，尤其还有 ^{14}C 和考古专家的参与，这让他不知如何应对，甚至有点慌乱。我在电话里对他说，"你还是多想想怎么对付李学勤。我会帮你准备一些考古和 ^{14}C 的问题，你可以拿到 AAS 会议上向他们提出。"第二天，我给倪德卫写了一封邮件，列出了我已经注意到并且与邹老师和刘绪讨论过的、工程在沣西考古和 ^{14}C 研究中暴露出来的几个比较明显的问题：

- 《简本》使用 1997 年沣西发掘的考古分期，作为 ^{14}C"拟合"计算"克商年范围"的必要条件。为了缩小"克商年范围"，沣西考古发掘者订出了西周成王前期为一期，成王后期为另一期的考古分期。请问考古专家：发掘者根据什么考古特征，把一个西周成王分成了前后两期？如果拿不出考古特征上的区别，这个考古分期是不是存在严重的错误？
- 如果 97 年沣西考古分期发生了错误，工程进行沣西 ^{14}C"拟"计算就使用了错误的考古分期为条件。《简本》根据沣西 ^{14}C 数据"拟合"

[8] 1998 年 3 月在美国首都华盛顿举行过讨论夏商周断代工程的 AAS 圆桌会议，也邀请了李学勤等参加。但实际参加会议的只有倪德卫、夏含夷、以及迈阿密大学的 John Knoblock、里海大学的 David Pankenier、达特茅斯学院的 Sarah Allan 等人。后来这次会议又被称作"缺席的对话"。

计算得出的“克商年为公元前 1050-前 1020 年”的所谓“克商年范围”是否也就失去了可靠性？是否需要重新计算？

- 《简本》的“克商年范围”出自仅有 1σ 置信率、68%置信区间的 ^{14}C 年代数据。《简本》根据这样的年代数据对两千年来历史学者关于克商年的研究进行了排除。你们是否确定这是可靠的、学术界可以接受的西周年代学研究方法？

倪德卫看了我的邮件后便给我打电话，要求尽快和我见面。我一到他家，他就要求我加入他的 AAS 专题，和他们一起与赴美的工程专家辩论。我回答说不可。我说工程的“首席科学家”李伯谦、这次要来的张长寿都是我的老师，而且是关系非常近的老师。我不能不顾及老师的情面和他们辩论。倪德卫听后很失望。沉默了一会儿，他在他的电脑上找出一张照片让我看。这是一张中国国家教育委员会红头文件的照片。文件上说，全国的中小学教科书可以使用工程《简本》公布的夏商周年表。等我看完照片，倪德卫很严肃地对我说：“祖棣，我们面临的已经不仅是一个学术争论，而是一件可能影响以后几代人的事了。我非常理解你和你们中国人对老师的态度，但今天你要做或者不做的事是超出个人的。我希望你认真考虑一下再做决定。”望着对面这位白发苍苍的美国老人，我突然觉得自己面对的是知识分子的道德和正义，顿时感到自己的渺小。我说道：“好吧，让我试试。”

这时距 AAS 会议还有差不多四个月的时间。我知道我最需要补足的是 ^{14}C 方面的知识，所以那几个月的很多时间我都是在斯坦福大学地质系图书馆度过的。有些问题一时在书中找不到答案，我便通过电子邮件或电话与美国或欧洲从事 ^{14}C 研究的学者联系请教。其中美国利佛摩国家实验室（Lawrence Livermore National Laboratory）的赖默博士（Paula Reimer）对我帮助最大。她回答了我关于 ^{14}C 校正计算的很多问题，有的问题赖默博士也不确定答案，她就回去请教她的导师，世界 ^{14}C 测年领域的泰斗斯图维尔教授（Minze Stuiver），然后给我答复。这些帮助，使我比较有信心地对《简本》的 ^{14}C 研究展开质疑。

按照 2002 年 AAS 年会的议程，大会 4 月 4 日到 7 日在美国首都华盛顿进行。由于 AAS 年会的议题非常多，每个专题在华盛顿只有短暂的会议时间，然后由各专题的召集人决定每个专题深入讨论的时间和地点。倪德卫和他的学生、芝加哥大学东亚系主任夏含夷（Edward L. Shaughnessy）教授已经定好，AAS 夏商周断代工程专题的深入辩论 4 月 12 日、13 日两天在芝加哥大学东亚系进行。倪德卫跟我商量后决定，为了多给我一些时间完成我的文章和准备辩论，我只参加在芝加哥大学的 AAS 专题深入辩论会。所幸的是，在倪德卫出发去华盛顿之前的几个小时，我到他家把我刚刚完成的文章送到了他的手里。这样他就可以在会议开幕时交给工程参加 AAS 会议的专家。后来倪德卫告诉我，四位工程专家提前十五分钟进场，每人得到我的文章后便认真阅读，“他们读后的表情都很难看。”这是倪德卫的原话。

双方在华盛顿进行的辩论我不在场。辩论的主要内容，读者可以参考本书附件 3，张立东（当时为中国社科院考古所副研究员）在《中国文物报》上发表的报道文章，以及附件 4，陈宁（当时为美国圣塔克拉拉大学 University of Santa Clara 历史系讲师）在《中国文史哲研究通讯》上发表的评论文章。

工程面临最激烈的挑战 4 月 13 日发生在芝加哥大学。这是工程唯一一次在正式场合面对面迎接经过认真准备的批评和质疑。《简本》是否能够经得住挑战，且看这场较量。

芝加哥会议以及经双方认定的《简本》的错误和问题

4 月 12 日，夏商周断代工程专题辩论在芝加哥大学举行。到了芝加哥我们得到消息，李学勤“因故提前回国”了。工程的仇士华、张培瑜和张长寿三位专家来到芝加哥参加了辩论会议。

为了这次面对面的辩论，我事先对向张长寿、仇士华的提问做了非常充分的准备。4 月 13 日，轮到我发言，我首先向张长寿先生提问。我把准备好的丰镐遗址 1986 年、1997 年两次考古分期的对比图表（表一）用我的笔记本电脑投放到大屏幕上，供在场的学者和观众观看。

我简单介绍了这两个考古分期在考古方法论上的区别，说明我 86 年的分期使用的是考古学中渐序分期的方法，也就是允许各期在时间上有所交错，如“先周期”和“商末周初”等；而徐良高 97 年分期则使用了间隔分期的方法，也就是各期在时间上不能交错，如“武王伐纣”和“西周初年”等。我说明，在以陶器等考古遗存为主要研究对象的考古分期，考古学者全部都是采用渐序分期的方法。而 97 年分期却十分罕见地使用了间隔分期，这等于是规范了古代人王更替时，其属民所使用的陶器等物也必须替换。这大大违背了古今人类使用陶器等物品的常理。

蒋祖棣 1986 年丰镐遗址考古分期[9]		**徐良高 1997 年沣西遗址考古分期**[10]	
86 第一期	先周期	97 第一期	文王迁丰至武王伐纣
86 第二期	商末周初	97 第二期	西周初年武王至成王前期
86 第三期	西周早期到中期	97 第三期	约成王后期至康、昭王
86 第四期	西周中期	97 第四期	约穆、恭王时期
86 第五期	西周中期偏晚	97 第五期	约懿、孝、夷王时期
86 第六期	西周晚期	97 第六期	约厉、宣、幽时期
86 第七期	西周末年		

表一：蒋祖棣 1986 丰镐遗址分期和徐良高 1997 沣西遗址分期的对比

9　蒋祖棣:《论丰镐周文化遗址陶器分期》,北京大学考古系编《考古研究》(一)，第 256-286 页，文物出版社，1992 年，北京。

10　中国社会科学院考古研究所丰镐工作队：《1997 年沣西发掘报告》，第 199-256 页，《考古学报》2000 年第二期，北京。该分期年代推断的原文，最关键的第一期和第二期没有“约”字，这应该是出于工程进行 ^{14}C“拟合”计算克商年时设立上下边界的要求。

接下来我向张长寿先生提了两个问题：1，您是否也认为97考古分期第一期的上限只能到文王迁丰？2，您是否同意徐良高把一个西周成王分成前后两期？

人在会议现场的张立东根据自己的记录，如此报道了张长寿先生对我问题的回答（参见附件3）：

> 张长寿谈到：1997年沣西第一期的乳状袋足鬲也见于宝鸡、周原等地的先周文化。沣西第一期年代是否可以归为如蒋祖棣所认为的早于文王的崇还应当对此加以考虑。蒋认为张的意见恰恰支持他的观点，因为宝鸡、周原等地的乳状袋足鬲显然不能以文王迁丰作为年代上限。在讨论会上，张长寿明确表示他个人同意蒋祖棣对于1997年沣西考古分期的意见。[11]

和我的电脑在现场的录音对比，张立东的这段报道省略了张长寿回答我问题的一些细节。这可以理解，毕竟张立东当时是从社科院考古所来到美国学习的，在行文时对当时身为考古所副所长的张长寿不得不有所保留。而我和张长寿先生的交往，与张先生一般的下属或学生就大不相同了。1986年我为完成北大的硕士论文，经张长寿先生批准到沣西工地参加考古发掘工作。那年夏天，张长寿先生和我带着十几个民工在沣河毛纺厂进行小规模发掘。我和张先生两个人住在毛纺厂为考古所安排的四间一套的宿舍楼房间里。每天晚饭后便和张先生整理发掘所获的遗物，讨论遗物的各种细节。闲下来就听张先生讲他的考古经历，讲考古界前辈的故事。那时张先生年近六十，整个夏天都在大太阳下穿着背心，拿着手铲在探沟里十分认真地工作。这让我

11　张立东：《面对面的对话——“夏商周断代工程”的美国之旅》，《中国文物报》，2002年5月24日。北京。该文摘要刊登于《中国社会科学文摘》2002年第4期（总第15期），第120-122页，2002年8月1日。以上文字见于该摘要第122页。

想起我跟宿白先生在山西、跟邹衡先生在甘肃、山西进行考古工作的情景。在我所熟悉的考古前辈中，我觉得张长寿先生和宿先生、邹先生是很像的。他们都对考古十分执着和认真，工作中都非常严谨和求实，而且都具有很强的献身精神。

回到上面我问张长寿先生的问题，张立东报道的我们关于乳状袋足鬲的对话有些省略但大致无误。除此之外，张先生在会上明确地对我说：

> 97 年这个考古分期，实际上我个人也是有保留的，而且我当时跟徐良高提过。我跟他说，你的这个分期分得太窄了，以后会有人提出问题的。不过我给他的意见只是参考。在你之前，山东的王恩田已经问过我们这个问题了[12]。我在这里表个态：我个人是同意你对 97 年沣西考古分期的批评的。

这样，我对 97 沣西分期的批评得到了社科院考古所副所长、考古所沣西工作队最高负责人张长寿先生的认可。

接下来我把蒋文使用的一张表格（表二）投放到大屏幕上，开始了对工程“首席科学家”仇士华的提问。

---

12 邹老师跟我说过：北大考古专业五六级学生、山东博物馆研究员王恩田先生在很多场合对 97 年沣西考古分期表达过批评意见。王恩田去北京看望邹衡老师时告诉他，社科院考古所的人回应他的批评时说：“王恩田从来没有在沣西做过考古，有什么资格来评论沣西的考古分期？”王恩田对这种说法非常不服，于是写了一篇《沣西发掘与武王克商》的文章，发表在北京大学考古文博学院编：《考古学研究（五）——庆祝邹衡先生七十五寿辰论文集》， 第 550-556 页。科学出版社，北京，2003 年。

程序	置信度（1σ，68%）		置信度（2σ，95%）	
	置信区间(BC)	年代范围	置信区间(BC)	年代范围
“拟合”	1130-1080	50年	?	?
OxCal3.5	1140-1010	130年	1210-950	260年
CalPal	1146-1016	130年	1219-956	263年
Cal2.5	1125-1015	110年	1211-943	268年
Calib4.3	1187-1004	183年	1211-941	270年

表二：沣西 T1H18 木碳样品 ZK5725（2893±34）的“拟合”和验算[13]

首先，我在笔记本电脑上，打开美国华盛顿大学斯图维尔教授和赖默博士开发的 Calib 校正程序，输入了表二所列沣西 ZK5725 样品的年代数据进行校正计算，向大家举例展示了我屏幕表格上年代数据的来源。

然后，我根据蒋文的研究向大家说明：表二列出的工程的“拟合”算法，也就是 OxCal 程序的系列样品算法，并不是国际公认的 ^{14}C 校正方法； 欧洲 ^{14}C 专家已经发表文章指出：OxCal 程序的系列样品算法不可避免地包含了人为加工的成分。因此，工程使用了包含人为加工成分的系列样品计算方法，得出的 ^{14}C 校正年代是不可靠的。

我自知 ^{14}C 研究是我的弱项，因此为向仇士华提问所做的准备也最充分。这是我电脑里事先已经准备好的四个回合的问题：

1. 表二列出了《简本》公布的“拟合”数据。工程“拟合”计算以 1σ 的置信率，得到了五十年的年代范围。我的问题是：为什么我用表二所列世界最主要的几个校正程序，对同一个 ^{14}C 样品进行的校正计算，会得出和工程“拟合”计算差别如此之大的年代范围结果？

[13] 表中各程序的详细情况请参见本书第 86 页附件一的说明。

2. 表二表明：使用 OxCal 普通校正程序计算，该样品的校正年代范围是一百三十年。工程使用 OxCal 程序的系列样品计算，得出了这个五十年的校正年代范围。这是因为 OxCal 系列样品的计算加入了 97 沣西考古分期作为计算条件。既然《简本》已经公布了沣西 ^{14}C“拟合”计算的结果，您是否可以公布沣西系列样品的计算是如何加入沣西考古分期条件的？我们希望知道，这五十年的年代范围究竟是怎么算出来的？
3. 您是工程 ^{14}C 的“首席科学家”，您选择了对沣西 ^{14}C 样品进行“克商年范围”的“拟合”计算，如果进行“拟合”计算的前提条件也就是考古学家对沣西 ^{14}C 标本所处地层的考古分期判断出现了明显错误，您是否应该撤销《简本》公布的“克商年范围”，重新进行计算？
4. 工程得出“克商年范围”使用的是 1σ 的置信率。您真的认为用 1σ 置信率或 68%可信度的 ^{14}C 校正年代来讨论西周王年，是学术界可以接受的方法吗？

辩论前我预计，仇士华对我第一个问题的回答会让我们进入第二个问题，因此真正的质疑会从第二个问题，也就是厘清“拟合”计算如何加入 97 沣西考古分期为计算条件。我准备的第三个、第四个问题则是仇士华难以应对的问题。出乎意料，在我提出第一个问题之后，便得到仇士华这样的回答：

蒋先生对“拟合”计算方法的质疑是有道理的。不过，“拟合”计算和这些数据都是下面的人、主要是北大那边搞出来的。我对他们的要求是一定要准确。蒋先生问为什么会比其他程序计算出来的年代范围更小，我现在无法回答你。我把这个问题带回去查查看。说实在的，我对这个年代范围也是有疑问的。（根据现场录音整理，一字不多，一字不差）

仇士华的这个回答，立刻在现场引起轩然大波。辩论会主持人夏含夷教授从主持人靠近屏幕的桌边站了起来，双手把《简本》报告高高举过头顶，重重地摔在桌子上，大声地说："既然如此，你们为什么要把这个东西印出来！连你都说你对你们的 ^{14}C 年代数据有疑问，那你们公布的年表还有什么可靠性！"

接下来，倪德卫对着仇士华略显激动地说："如果《简本》公布的 ^{14}C 年代有问题，你们就应该尽快更正，并且也要更正《简本》公布的夏商周年表！尤其不能把《简本》公布的年表当作定论，成为中国教科书或者其他出版物的年代标准！"

面对夏含夷教授的震怒和倪德卫教授的追责，仇士华双目无光，呆如木鸡，不知如何作答，人像泄了气的皮球歪坐在桌边，会议陷入了停顿。夏含夷见状，只好宣布会议休息。待休息回来，夏含夷决定由他就《今本竹书纪年》真伪问题发言。如果再让我继续，让我提出我为仇士华准备的第三和第四个问题，或许大家还能看到仇士华更加不堪的表现。显然，主持人夏含夷教授为了缓和会议的气氛，放了仇士华一马。

或许是感谢夏含夷教授的关照，仇士华会下向倪德卫、夏含夷等再次推脱自己在断代工程的责任，表示他自己在断代工程的 ^{14}C 研究中也无能为力[14]。

芝加哥辩论会是断代工程唯一一次面对面应对严肃的质疑。《简本》多处关键错误在会议上得到了揭露。笔者否定 97 年沣西考古分期的意见，得到了

[14] 4 月 13 日下午会议正式结束之后，我没有参加他们后面的晚餐等活动便赶回湾区了。回到家后看到了倪德卫写给同行和学生通报芝加哥会议的邮件。在这封邮件中，倪德卫写下了仇士华对他们说的这样一句话："Qiu said that he had at first to do responsible work, but Li Boqian had virtually ordered him to produce a justification for the ^{14}C dates and ranges that Li Boqian and Li Xueqin wanted."（仇士华说，他起初要做的是负责任的工作，但李伯谦实际上给他的指示是为李伯谦和李学勤想要的 ^{14}C 年代和年代范围提供证据）。我没有想到仇士华竟会对倪德卫他们说这样的话，不过他应该是吐露真言。仇士华的作为，邹老师给笔者信中曾经提过："所谓阶段性成果，都是李学勤、李伯谦二人从过去已研究出的成果中选来选去，掺杂些自己的私货拼凑而成，打上 ^{14}C 招牌，由仇士华弄出所谓'拟合'，以应二李的主观意图凑成的。"但邹老师信的内容，在我写作本书之前并没有其他人知道。

工程专家组成员、主管社科院考古所沣西考古工作的最高负责人张长寿先生的认可。而负责工程 ^{14}C 的“首席科学家”仇士华则在会上同意笔者对工程 ^{14}C “拟合”计算的质疑，并且表示他本人对《简本》公布的 ^{14}C “拟合”计算的年代数据也存有疑问。这样，笔者指出的 97 沣西考古分期的错误、以及工程 ^{14}C “拟合”校正计算的问题，都得到了与会工程高层专家的认可[15]。可以说，芝加哥辩论会最主要的成果，就是参加会议的辩论双方共同确认了 97 沣西考古分期的错误，以及沣西 ^{14}C 样品校正计算存在的问题。参加会议的工程专家在会议上先后表示，要把通过会议讨论和认定的错误和问题带回去认真检查，以改善工程的年代研究。

芝加哥会议落幕。这是夏商周断代工程仅有的一次在正式场合由工程“多学科”高层专家与断代工程的主要批评者面对面的交锋。工程虽然没有如宋健期望的在辩论中获胜，但这次会议的成果对改善工程的年代研究应该十分有益。参加会议的工程专家，也对会议结果抱持着学者应有的比较理性的态度。按照常理，这几位专家回国之后，断代工程的负责人应该利用芝加哥会议的成果，围绕芝加哥会议双方认定的《简本》的错误或问题，深入检讨《简本》年代研究的不妥之处、认真思考怎样对断代工程的年代研究加以修正和更新。不幸的是，工程负责人没有以学术负责人或一般学者的正常态度和方式对待学术会议和学术争辩。他们竟然违背学术规范，不顾国际会议上发生过的事实，不顾学术道德的底线，十分不理性地选择了否认芝加哥会议双方认定了《简本》错误和问题这一事实。他们打出“国家工程”的招牌，用尽全力，在国内展开了一场否认芝加哥会议成果、坚持《简本》错误的行动。

[15] 倪德卫向同行通报芝加哥会议的邮件里写到：“Jiang Zudi, who was Zou Heng's student, now working for Intel nearby in California, came to Chicago, with a paper in Chinese taking apart the Project's ^{14}C work, hence aimed by implication at Qiu Shihua. To our surprise, all three Chinese guests agreed with Zudi completely. ”(邹衡的学生蒋祖棣现在在加州的英特尔工作，他带着一篇中文的、主要指向仇士华和拆穿工程 ^{14}C 工作的文章来到芝加哥。令我们没有想到的是：三位中国客人（指与会的三位工程专家）都完全同意了祖棣的观点）。

工程负责人的行为，引起了工程内部和界内多数知情学者的反对，也引起了国内学术界一场十分激烈的较量。笔者通过下一节的文字，简要回顾这场当代国内学术界少见的、高层级的激烈较量。

工程和学界围绕芝加哥会议成果的较量

从断代工程启动开始，我从若干渠道了解到：国内学术界对李学勤和由他领导的断代工程是十分反感的。我和邹衡先生的电话或书面联系，多半也是听他讲李学勤等人如何不学无术、如何用宋健的名义压制不同意见，如何一手遮天、独断专行，讲界内各位知名学者对工程如何反感。我的文章完成之后，给邹老师寄去了一份。等我从芝加哥回到旧金山湾区，便给邹老师去了电话。老师非常激动，频频赞扬我的文章。听我介绍了芝加哥的辩论之后，他更是高兴。那天和邹老师的电话持续了四个多小时。他说，我收到你的文章就送给了宿白先生（宿先生 1978 年任北大历史系教授，1983 年为第一任北大考古系系主任，当时仍兼任中国考古学会理事长），宿先生看了之后非常高兴，说他没看错你。邹老师说，看来我还要赶快去一趟宿先生家，跟他讲讲芝加哥会议辩论的情况。邹老师还说，你的这篇文章至少在北京的历史考古界已经传开了。历史界的一些知名学者给他打了电话，表达了对这篇文章的赞许，其中裘锡圭（北京大学中文系教授）、吴荣增（北京大学历史系教授）、朱凤瀚（中国历史博物馆馆长）等先生都和他有很长的交谈，他们都对断代工程终于遭到批判表示了欣慰。

那时我跟邹老师、刘绪大概每周有两、三次电话。有一次我跟刘绪约好往北大考古系给他打电话，接电话的是当时的考古系主任赵辉教授。赵辉跟我说，很多人到考古系索取我的文章，他们索性复印了几十份放在系办公室。办公室的人后来跟他说不够，又复印了几次。赵辉说，这篇文章现在成了一件大事。笔者也收到一些学者对蒋文表示支持的来信，黄盛璋先生（中国科学院地理研究所研究员）写了很长的信，给笔者提供了更多断代工程年代研究所犯错误的证据。

那几天许倬云先生（台湾大学历史系教授，美国匹兹堡大学（University of Pittsburgh）讲座教授）刚好来到湾区，他的学生陈宁告诉我，许先生让我去见他。我的老师张光直先生[16]1987 年在哈佛大学举办过中国古代文化研讨会，会议安排了张先生、许先生、余英时先生、黄仁宇先生和我在会上发言。由于许先生特别关心商周考古，会前会后他跟我讨论过一些商周考古的问题。这次一见到许先生，他就说他已经读了我的文章，他说："你的文章是大手笔！看得出你在大陆受到了非常好的考古训练，否则单凭光直一人指导不出你这样的学生！"接下来他问我这文章是否可以拿到台湾发表。我说现在文章已经在北京，我想尽量争取在北京发表，如果发表不了，再请您帮忙在台湾发表。许先生说："你太乐观了。我看你这篇文章在北京发表的可能性不大。不如这样：你先把这篇文章压缩成一个几千字的摘要，我拿到台湾，尽快把它印出来。如果你的文章在北京发表不了，我们就在台湾发表全文。这样也不会有版权上的冲突。"我马上答应了许先生的这个提议。许先生说："我还要给你的摘要写个按语，一起发表。这个断代工程在界内实在非常不得人心，我也要表明我的态度。"几个月后，我的文章摘要和许先生写的按语，发表在台湾发行的《汉学研究通讯》上[17]（附件 5）。

接着说北京的反应。邹老师让我给宿白先生去电话。和宿先生的电话接通后，未待寒暄，宿先生便对我说："蒋祖棣，你的文章写得太客气了！什么'工程'，你直接点李学勤的名就行了！""我在这儿跟你说，不光是老邹和我，

---

[16] 笔者 1986 年考入北京大学考古系博士研究生，并经北大推荐进入国家教委中美联合培养博士计划，指导教师为北京大学邹衡教授和美国哈佛大学张光直教授。张光直先生为美国国家科学院院士，时任哈佛大学人类学系系主任。笔者 1987 年前往哈佛大学，在张光直先生的指导下学习了一年。

[17] 蒋祖棣：《西周年代之疑问（摘要）——对夏商周断代工程方法论的批评》，《汉学研究通讯》，第二十一卷第四期，第 1-4 页，汉学研究中心，台北，2002 年 11 月。

整个中国考古学会都支持你！”“我、徐苹芳（中国社会科学院考古研究所研究员）、俞伟超、张忠培（北京故宫博物院院长）、邹衡、严文明（北京大学考古系教授）……，这些人（均为中国考古学会理事长、副理事长、常务理事等）都支持你！他们代表整个中国考古学会！不是吗？”“断代工程的问题，是学风的问题。如果任由李学勤这样搞下去，中国的学术风气就要歪了。”“搞一言堂，靠投机取巧，中国的年代学不能这样搞，中国的学术更不能这样搞！”“听说你在美国搞计算机，你能一直关心考古的事，能写出这样的文章，我真没有看错你。”通话中的宿先生激动、健谈，和我认识的宿先生有些不同。可以感到，他对断代工程的反感也是非常强烈的，看到我的文章之后是格外高兴的。

邹老师还告诉我，他去小汤山看望了因病住院的俞伟超先生，给俞老师送去了我的文章。俞老师看完后给邹老师打电话说：“老邹，文章读了，真痛快！我的病好了一半！”俞老师还让邹老师转告我，让我务必往小汤山医院给他打个电话。我按邹老师给我的号码打了过去，还真接通了。俞老师听到电话里是我便说：“蒋祖棣，你听着：蒋祖棣，谢谢你！蒋祖棣，谢谢你！蒋祖棣，谢谢你！”然后说：“我这几天一直在想，你来电话的时候我应该怎么感谢你，后来一想，我从来没有跟任何人连续说过三遍谢谢，所以这样表达比较好。”

和俞老师近的人都知道，俞老师是性情中人。遇到他想交往的人，谈话时间往往超长。我在北大任教时，就有两次在俞老师家和他两个人聊整个通宵的经历。所以这次电话也非常长。我几次打断他，问他要不要休息，毕竟他在住院。他都说，“不，不！我们好不容易通上话。”“你不知道，压抑啊！我，老邹，张忠培、严文明，甚至宿白、徐苹芳，压抑啊！我们这几年，被这个李学勤，被这个断代工程压得喘不过气来啊！”[18]俞老师电话里详细讲述了他参加的断代工程会议，讲李学勤怎样跋扈、怎样无视和排斥其他人的意见，讲参加会议的各位专家如何对李学勤不满，等等。这和邹老师给我的几封信的内容也非常相似。“李学勤这个人完全不是搞学术的，而是个搞政治的学棍。他拉大旗作虎皮，为所欲为。”“在断代工程的会上，你要是提出不同意见，他们根本不搭理，而且态度极其轻蔑。”“李学勤蔑视人的时候甩出的那副样子，真是难看极了。”“后来几年，我们几个在工程所有的会议上，不表态、不发言，错不错，由他去！”俞老师的这番话，邹老师的信里也有相似的说法。这还让我想起邹老师给我的另一封信曾讲到，工程让他“如同又经历了一次文化大革命”。看来俞老师也有类似的感触。俞老师又跟我讲了一遍李学勤召集的关于修改中国历史纪年的会议，讲李学勤如何阳奉阴违，当着参加会议的所有学者，承诺回去报告宋健修改古代纪年不可为。背地里却利用宋健成立了断代工程，然后利用工程排斥异己，大搞一言堂。俞老师说：“看了你的文章，太好了！非常有力量！我跟老邹说，幸好蒋祖棣出去了，否则我们根本没办法这样痛快地发出声音！”“你对他们沣西考古分期的批评写得太精彩了，有考古学方法论的高度，又有自己在同一遗址的分期作对比，真是有理有据，准确击中要害。我后来想，考古界换任何人都不如你有这么好

18　八十年代北大历史系的不少教员和学生都知道，宿先生和俞老师彼此是很少直接说话的。他们如果有必须交流或交代的事，就会找人传话。我在北大做助教时，曾是他们彼此沟通的主要渠道。我在怀念宿白先生的文章《教书，育人——追思宿白先生》（附件 8）里也提到，宿先生曾经告诫我不要和俞伟超先生热衷的“新考古学”走得太近。实际上，他们之间的隔阂主要是出于当时考古学不同学派的分歧。后来我因批评断代工程和宿先生、俞老师的几次谈话，竟可以听到他们彼此多次互相提及，感到他们已经完全站在一起，共同反对断代工程。他们之间多年的隔阂，因为断代工程荡然无存了。“兄弟阋于墙，外御其侮”，当一个学科的学风、学术道德和科学性受到威胁时，这个学科内不同学派的矛盾也就不足道了。

的条件出手，写出这么有力的批评文章！”“你的文章给他们的是致命一击，断代工程应该是无力回天了！”

5月24日，《中国文物报》发表了张立东根据他在芝加哥辩论会现场记录撰写的《面对面的对话 ——“夏商周断代工程”的美国之旅》（附件3）。张立东当时在芝加哥大学攻读历史学博士，赴美之前是社科院考古所的副研究员，还是《简本》的起草小组成员和执笔者。我读了这篇报道，感觉他关于芝加哥会议的文字虽然没有改动基本事实，但为了工程的颜面尽量做了遮掩。除了省略了工程专家回答问题的一些重要细节，更隐去了夏含夷教授怒摔《简本》这个令所有在现场的人员印象最深刻的高潮。不过，和蒋文在界内知情者之间的传递大不一样，《中国文物报》刊载张立东的报道很快在国内造成了更加广泛的影响。

据说宋健看了蒋文和张立东的报道后十分不快，命李学勤组织反击。6月初，李学勤以“西周年代学研究”为题在北京怀柔召集了工程专家组扩大会议。会议的主题就是回应《中国文物报》关于芝加哥会议的报道和批判蒋文。因此每位参加会议的人，在入场时都得到了工程秘书组发放的张立东的报道和蒋文的复印件。会议的情况，我从邹老师那里有详细了解。会议一开始，李学勤就逼迫每一位参加芝加哥会议的专家表态，否定张立东的报道。仇士华率先一口否认报道的内容，而且声量很大。张长寿则说张立东的报道对他有一些误解，但他没有否认他说过同意蒋文对97沣西考古分期的批评。只有张培瑜先生在会上明确表示：对张立东的报道“没什么可说的。”李学勤又让碳十四的专家对蒋文批评“拟合”计算表态。仇士华说工程的拟合数据都是北大搞出来的，北大碳十四的必须写个东西批判蒋文。邹老师告诉我：北大的马宏骥刚博士毕业不久，工程的拟合程序主要是他在负责操作。迫于李学勤和仇士华的要求，北大碳十四的负责人郭之虞（北京大学技术物理系教授）和马宏骥根据张立东的报道和蒋文，很快写了个解释系列样品“拟合”校正计算的文字，发给了每一位参加会议的学者[19]。三天的会议，重点是批判蒋文，但没有形成任何批判的文字，甚至没能从蒋文中找出值得批判的错误观点。邹老师说：“你文章引《简本》的原话说《简本》的‘金文历谱只能是个西周王年表’，这句话引得真妙。会议为这句话花费了很长时间，会上李学勤去追这句话到底是谁写到《简本》上的。有的人说‘以公布的金文历谱的内容看，说只是个王年表应该也没什么大错’，有的人说‘王年表和金文历谱当然不一样。说是个王年表，我们的金文历谱等于就是白做。’说来说去，这句话能印到《简本》上，不就是李学勤自己的责任吗！”会后，邹老师向因故没有参加会议的刘绪详细介绍了会议的情况，还让刘绪把会议期间邹老师阅读郭、马的文字用红笔做过批注的原件寄给了我，让我准备应对。刘绪在电话里跟我说，“参加会议的徐天进（北京大学教授）、王占奎（陕西考古研究所研究员）和考古方面的一些人，对你文章的看法基本上和我差不多，都觉得不太可能找到把柄对你的文章进行批判。不过这些人，还有邹先生和我，还是比较担心你文章的碳十四部分。”相比刘绪的担心，邹老师对于这次会议的反应似乎更开心一些。他对我说，不少人在会议期间找机会向他表示非常认可我的文章。有人跟他说，没想到邹先生的学生能对《简本》提出如此全面、如此尖锐的批评。有的说，这种文章我们可写不出来。这几年也看出断

---

19 2002 年 6 月 21 日，《中国文物报》刊载了郭之虞、马宏骥《如何看待与使用系列样品 ^{14}C 年代校正方法》一文。这篇文章基本上就是在怀柔会议上传阅的郭、马文字。文章刊出后，郭之虞先生用电子邮件给笔者寄了复印件，邀请笔者回应。两周以后，笔者寄给《中国文物报》我的回应文章，并且说明这是应郭之虞先生之邀写的。可惜《中国文物报》拒不发表笔者的这篇文章。笔者多次去函催促发表，或请告知不予发表的原因，但《中国文物报》均不回答。本文也附带将此文公布，作为本著的附件 6。

代工程的一些问题，不敢说，更不敢写。有的说，邹先生教出来的学生可真厉害，说这下李学勤无法跟宋健交代了，等等。邹老师还跟我说："郭之虞非常认真地向我请教了考古所沣西考古分期的问题，我跟他说：那个分期还用说吗？当然是错的！会上传阅的他和马宏骥写的东西我也仔细看过了。虽然还没公开发表，但总的看起来这篇文字主要是解释他们的工作，对你的文章应该没有大的伤害，甚至谈不上是批评你的文章。"怀柔会议，李学勤没有得到他所期望的结果。

显然宋健对怀柔会议并不满意。几个星期之后，李学勤又在北京平谷召开了工程专家组扩大会议，目的还是批判蒋文。李学勤决定，这次会议按照蒋文的五个章节，用分组讨论的形式继续对蒋文展开批判。他还传达了宋健的意见：不允许蒋文在国内发表。

说到蒋文的发表，邹老师跟我说过，他收到我的文章几天之后，就和朱凤瀚先生商定，尽快在《中国历史博物馆馆刊》上发表我这篇文章。但这事让李学勤知道了，他亲自出面向朱凤瀚施压，使朱先生不得不撤销在历博馆刊发表这篇文章的决定。朱凤瀚后来向邹老师说明了原委，表示受到的压力太大，因此无能为力。

平谷会议，李学勤仍然无法达到目的。邹老师告诉我，李学勤在会上指派彭林先生（北京师范大学历史系教授）撰写批判蒋文的初稿，当场遭到了彭先生的拒绝。彭先生说，蒋文论述的重点是沣西考古分期和碳十四，如果要写批判稿，当然要考古和碳十四的人来写。邹老师说，在会上考古和碳十四没人接茬，是因为会上除了听仇士华总是说你碳十四是个外行之外，还没听任何人说这篇文章的某个论点不成立。会议结束以后，参加会议的刘绪在电话里告诉我：参加这次会议的人应该有百分之九十五同意你的文章或至少不持批评的态度，剩下的百分之五就是碳十四。碳十四组的争论分成北大和考古所两派，北大技术物理系郭之虞一方认为，你文章中碳十四的论述有可取之处。而考古所仇士华一方坚持说你不懂碳十四，引用碳十四资料有不恰当之处，等等。不过，李学勤让仇士华他们起草批判你的文章，他们却没有人愿意出面。刘绪说："原来我一直担心你碳十四的论述有可能被仇士华抓出什么把柄，现在有郭之虞这个级别的碳十四专家对你的文章表示了比较正面的态度，你的文章应该是站住了。"刘绪兄为人持重稳健，听到他说他对我的文章放下心来，我也很高兴。我问刘绪我引用的哪个碳十四资料他们认为不恰当？刘绪说，这是仇士华手下的一个人说的。他说你文章里引用的维也纳大学批评系列样品算法的那位碳十四专家，发表你引用的那篇文章时还没拿到博士学位。他刚说完就被别人一句"我们工程的碳十四专家也不是都有博士学位"给堵了回去。

平谷会议草草收场，李学勤依然一无所获。他无法通过工程专家会议达到从学术上反驳蒋文的目的，却施展了所有人都意想不到的招数。8 月 16 日《中国文物报》刊登了一篇由"苏辉整理"的文章《美国之行答问——关于"夏商周断代工程"》，文章宣称《中国文物报》5 月 24 日刊登的张立东的报道不符合事实，说仇士华在芝加哥辩论会上批驳了蒋祖棣的质疑，并且在现场提供了蒋祖棣进行计算需要的条件，计算的结果和《简本》公布的年代相比只有一年的误差[20]。"苏辉整理"的这篇文章关于芝加哥会议的叙述是彻头彻尾的造谣。由于编造的谣言直接涉及到我，我马上写了一篇短文，寄给当

[20] 这番谎言编得过于离谱，未见得是仇士华本人的描述，应该出自完全不了解《简本》年代和工程的"拟合"计算的写作者。《简本》公布的皆为"拟合"校正的年代数据。进行"拟合"校正计算，必须使用 OxCal 的程序，而且必须提前设定好计算所需的"拟合"设置文件。我带到芝加哥的电脑上只装载了 Calib 校正程序，用这个程序无论如何也算不出与《简本》只有一年差距的年代数据（常规计算和"拟合"计算所得年代范围的差别，可以参见本书第 18 页表二）。谎言说仇士华当场为我的计算"提供了条件"，听上去是他当场在我的电脑下载了 OxCal 校正程序，并且编写了包括 97 年沣西相关样品和考古分期的"拟合"程序设置文件。在一个国际会议让大家等着，仇先生当众完成了如此费时和复杂的操作——仇士华应该不至于编这么大的瞎话。但如果他没有改动我的电脑，这个没有 OxCal 校正程序的电脑，又怎么能计算出和《简本》"拟合"年代只有一年差距的结果呢？

时在文化部科技司担任司长的我的同学童明康，请他帮忙转交给《中国文物报》刊登辟谣。文物报的负责人向童明康交了底，说他们刊登张立东的报道已经遭到上方的严厉批评，蒋祖棣的文章就更不可能在文物报上发表了。倪德卫教授看到苏辉的造谣文章后，在《中国文物报》网站的读者留言栏目写了很长的留言[21]。他的留言，当然也不可能得到重视了。

再说苏辉“整理”的文章。这篇文章里所引仇士华的言论，未见得全是仇士华本人的叙述。但仇士华在芝加哥大学的辩论现场没有能力回答质疑，全盘认同了批评者指出的问题，明确表示他本人对《简本》公布的 ^{14}C 数据持有疑问，并且在会议上下竭力推卸自己的责任。回国之后，却没有勇气承认和改正工程 ^{14}C 研究的错误，更不敢承认自己在芝加哥会议当众对工程公布的 ^{14}C 数据表示怀疑，于是只好接受李学勤等人的胁迫，任凭李学勤或苏辉用他的名字编造谎言。他的这些作为，让所有参加芝加哥辩论会的人看穿了仇士华的能力和人品，也看清了工程负责人怎样对待批评意见、怎样不惜颠倒黑白、无中生有，靠造谣来贬低对手。他们以为自己控制了国内的相关媒体，便可以一手遮天。这次用苏辉之名“整理”出来的谣言，固然可以蒙骗一些身处国内的读者，但他们造谣所选的场景是美国各地学者和师生参加的芝加哥会议，这就开了一个真正的国际玩笑。这是真正地授人以柄，授世界以柄。

---

21 倪德卫 2002 年 9 月 8 日在《中国文物报》网站的读者留言栏目的留言是用英文写的，并且留下了自己的姓名。后来他跟我说，他要让文物报知道这不是普通的读者留言，而是一位芝加哥会议参加者的留言。他用英文留言是为了转发给他在世界各地的学生和同行。这是他留言中的一段话：“When confronted with Jiang Zudi’s argument in the university of Chicago on April 13, Qiu Shihua, the Project’s ^{14}C expert, agreed with Jiang and asserted that the work in the Project’s Report was not his own. Back in China, Qiu denied that he had said these things. But I was there in Chicago, and I know he did say them.”（4 月 13 日，工程 ^{14}C 专家仇世华在芝加哥大学面对蒋祖棣的质疑时，同意了蒋的观点。并且声称工程报告的相关工作不是他自己所为。回到中国后，仇却否认了他曾说过这些话。可是我当时就在芝加哥，我肯定他确实说过了那些话。）

让全世界明明白白地知道断代工程负责人是怎样的为人，知道苏辉谎言后面的推手、掌控断代工程的李学勤具有怎样的学术水准和道德水准。美国圣塔克拉拉大学历史系陈宁先生的文章里曾提到苏辉谎言和美国学者的反应，读者可以参考本书附件 4[22]。

李学勤主导这篇造谣文章，应该是为了向宋健交代。这种作法实际上已经显露出他无计可施，只好铤而走险。动用他的权力逼迫参加芝加哥会议的工程专家造谣和控制媒体舆论，以欺上瞒下、遮掩国内公众的视线。

平谷会议之后，邹老师向宿先生讲了会议的情况。邹老师告诉我，宿先生听完之后对他说："老邹，我们可不是看戏的观众，必须表明我们的态度，支持蒋祖棣。"邹老师让我尽快给宿先生去电话。说宿先生已经知道李学勤不允许历史博物馆发表这篇文章，也知道李学勤在工程会议上说宋健不让发表这篇文章。但宿先生还是要和我商量下一步怎么办。

我再次给宿先生去了电话。电话一接通，宿先生便告诉我，他已经和徐苹芳先生商量了出版这篇文章的事。徐先生决定拿到由他担任主编的《燕京学报》上发表，最快明年（2003 年）下半年可以印出来。我对宿先生和徐先生的关照和安排表示了感谢，然后说：我在美国跟许倬云先生也讨论过出版这篇文章的事。许先生预计，在国内出版这篇文章可能会有很大困难。我说，您和徐先生的安排很好，等到明年对我也不是问题。但以目前看到的情况，李学勤不会停止动作，时间拖长了可能会发生变故。宿先生说："是啊，当然是越早出来越好。《燕京学报》明年下半年出，时间是有点长"。宿先生想了一下，说："如果要快，倒是还有一个办法：文物出版社要出一个给我贺寿的文集，最近完成了编辑，刚交去印刷。你要是同意，我可以把这个集子从印刷厂叫回来，加上你的文章再印。这样今年肯定就能出来了。"我马上说："太

22　陈宁：《毁誉参半的文化工程——"夏商周断代工程"回顾与评述》，《中国文史哲研究通讯》第十三卷第四期，中央研究院中国文哲研究所，台北，2003 年 11 月。

好了，宿先生，如果能赶上，我这篇文章当然是发在给您祝寿的文集上最好啦！”“好什么！《燕京学报》是学术期刊，影响力会大一些。”宿先生提醒我。“宿先生！”我有些激动地回答宿先生：“我哪里还在乎什么影响力，能够在为您祝寿的纪念文集上发表文章，对我是求之不得的事，也算我没有完全辜负老师您对我的培养。”顿了一下，宿先生说：“行吧！那就这么定了。”后来听邹老师说，李学勤通过文物出版社知道了这件事，给出版社施压，让文物出版社的一位负责人到宿先生家转告他，说宋健不让在国内出版这篇文章。宿先生对这位负责人说，“这事已经定了。你们赶快出版，要么让宋健自己来和我谈。”两个月后，我的文章终于随《宿白先生八秩华诞纪念文集》公开发表了。文章发表后，邹老师跟我说，“我和俞伟超都不相信身在高位的宋健会出面阻止一篇批评文章的发表。但李学勤在工程会议上经常用这种方法压制不同意见。他这样做我们也没什么办法。宿先生对付李学勤可就不一样了。李学勤自己没有胆量去见宿先生，找文物出版社的人去管什么用呢！”

回想起来，如果没有宿白先生、徐苹芳先生、邹衡先生、俞伟超先生等多位老师以及北大、历史考古界多位学者的鼎力支持，不能设想我们能够在当年这场较量中让这位专横跋扈、一贯以歪招解决学术问题的李学勤黔驴技穷，更不能设想蒋文得以在国内公开发表[23]。这使我们能够把《简本》的关键错误向世人和盘托出，并且让对方无言以对。李学勤输掉了围绕芝加哥会议成果的论战，《简本》由此沉寂了多年。《简本》公布的夏商周年表最终没有能够登上中国的中小学教科书、《新华字典》和《辞海》。这是坚持学术公正的学术界通过这场较量取得的重大胜利。

23 我告诉倪德卫我的文章将在中国文物考古界为宿白先生贺寿的文集上发表之后，倪德卫在他的邮件群里通知了各位学者。向大家说明宿白是邹衡的老师，是中国考古学会的理事长。也讲了李学勤曾亲自出面阻止这篇文章在《中国历史博物馆馆刊》上发表的事。倪德卫还写道：“There is obviously a very Chinese kind of academic power struggle going on in Beijing, centred on Li Xueqin and the Project.”（很明显，北京正在发生一种非常中国式的、以李学勤和断代工程为中心的学术力量的较量。）倪德卫的这番话，出自他对李学勤的了解。他感觉到，在他眼里不可一世的李学勤，在中国学术界受到了非常强烈的挑战。

说到学术界的较量，从上世纪五十年代李学勤批判陈梦家先生开始，他便成为界内搞权术、玩弄政治最没有底线、最不择手段的人物[24]。学术界围绕芝加哥会议成果的这场较量，也让读者有机会再次见识李学勤面对学术批评使出的招数：否定身为工程《简本》执笔者的张立东根据他在会议现场的记录所写的芝加哥会议报道；不承认工程专家在芝加哥会议上确认过《简本》的错误和问题；逼迫参加芝加哥会议的工程专家在报纸上公开造谣；控制国内媒体封杀反对意见；打着宋健的旗号不准蒋文在国内发表。这些作法，一般从事学术研究的学者不可能为之，甚至不能想象。正如邹衡先生在他的信中所言，李学勤在断代工程“是做买卖和耍政客，哪里是搞学术！”以及俞伟超先生所说的：“李学勤这个人完全不是搞学术的，而是个搞政治的学棍。他拉大旗作虎皮，为所欲为！”

工程虽依然坚持不肯公开认错，但海内外越来越多的学者和国内的史学爱好者陆续公开发表文章或发布网上评论，指出了《简本》更多的错误，工程专家组的专家和工程研究人员对《简本》的不同意见也逐渐公开化。号称凭借“多学科研究”和“高科技”的断代工程不再是一块金字招牌。虽然工程负责人不时还在摇晃这块招牌，但它已经是俞老师所说的“无力回天”，或者至少是疮痍满目，摇摇欲坠了。

工程仇团队主观臆造的“克商年范围”

怀柔、平谷两次会议无法形成对蒋文的批判，但工程 ^{14}C 专家、社科院考古所仇士华团队和北大郭之虞团队之间的争执依然在延续，而且更加公开化

24　参见本书附件 9：蒋祖棣：《李学勤和当代中国历史研究的转向》（2019 年 3 月，未刊稿）。

了。2003年，仇团队负责人之一、仇士华的夫人蔡莲珍发表了《^{14}C测定判别武王克商年代范围始末》一文[25]（以下简称蔡文），对《简本》得出的克商年"在公元前1050-1020年之间"作出了如下解释：

> 依据沣西遗址H18系列样品，常规^{14}C方法拟合得出的年代界面在公元前1050－1010年间，AMS ^{14}C法则在公元前1060－995年间，差别是由于后者测定误差较大一些。考虑到其它的年代证据，年代上限超过公元前1050年的几率很小，下限的选定除考虑沣西遗址拟合结果以外，还要综合其他遗址出土样品的测定结果（蔡注13，指《简本》第38-49页），几乎很难低于公元前1020年。因此，判别的年代范围应在公元前1050－1020年间。[26]

这段论述基本沿用《简本》"克商年范围的缩小"一节，多出来的内容，一是说明仇团队为何排除郭之虞团队AMS的测量结果，二是使用了"几率"来判断克商年范围。《简本》和蔡文所说的常规法和AMS法两种测量所得的年代范围都大于《简本》公布的克商年为"公元前1050-1020年"。我们就来看《简本》和蔡文是怎样得出这个三十年的年代范围的。

先讨论蔡文的克商年范围上限。蔡文说明，仇团队的做法是首先排除北大AMS法所测公元前1060年的年代上限结果，原因是AMS法的"测定误差较大一些"，并且还由于"考虑到其它的年代证据，年代上限超过公元前1050年的几率很小"。

什么样的"其它的年代证据"令仇团队的专家们认定克商年不可能早到

25 蔡莲珍：《^{14}C测定判别武王克商年代范围始末》，《文物保护与考古科学》第15卷第1期，上海，2003年。顺便说一句，笔者这一节对工程"克商年范围"的主要论点，曾是2002年蒋文草稿的一部分。但因工程"克商年范围"仅出于《简本》，尚未充分论证。蒋文定稿时，把批评工程"克商年范围"的整个小节暂且删除。此后蔡文的发表，补充了《简本》得出"克商年范围"的一些细节，有助于笔者在这里对这个题目展开更深入讨论。

26 蔡文，第5页。

AMS 的测量结果公元前 1060 年？我们按蔡文的注解，找到《简本》关于“公元前 1050 年”为克商年范围上限的描述：

> 与推定克商年范围有较直接联系的考古遗址样品系列，除上述沣西系列之外，还有商后期的殷墟系列、西周的琉璃河系列和天马一曲村系列。经 ^{14}C 测定，其年代范围分别为：
>
> 殷墟四期　　　　　　　公元前 1080 - 1040 年左右
>
> 琉璃河一期一段墓葬　　公元前 1040 - 1006 年左右
>
> 曲村一期一段　　　　　公元前 1020 - 970 年左右
>
> 考虑到殷墟文化四期的年代有可能延续到西周初，故克商年范围的上限取为公元前 1050 年[27]。

先说琉璃河、曲村遗址。无论文献或出土文字，并无召公奭族人何时迁于燕、叔虞何时迁于唐的证明，工程为何如此肯定：琉璃河、曲村遗址的 ^{14}C 年代数据，“与推定克商年范围有较直接联系”，可以用来讨论如此精确的“克商年范围”上限年代？[28]

其次，《简本》殷墟四期系列样品的年代为“公元前 1080-1040 年左右”，

27　《简本》，第 43 页。这段文字亦全部抄录于《全本》第 158 页，唯一不同处是《全本》列出的殷墟四期为“公元前 1090-1040 年左右”。

28　这里用“召公奭族人”，是因为大量文献都指明召公奭本人是成王左右的重臣，西周初年召公奭的活动地点在河南、陕西，并没有足够时间北上：“成王在丰，使召公复营洛邑。（《史记·周本纪》）”“成王既迁殷遗民，周公以王命告，作多士、无佚。召公为保，周公为师，东伐淮夷，残奄，迁其君薄姑。（《史记·周本纪》）”“在成王时，召公为三公：自陕以西，召公主之；自陕以东，周公主之。……召公之治西方，甚得兆民和。（《史记·燕召公世家》）”于是，召公奭的族人何时经营燕地，仍需要考证。至于曲村，《全本》第 26 页注 1 指“朱凤瀚、李伯谦等主张天马一曲村遗址是晋国第二代燮父始都之晋，而非叔虞始封之唐。”如果此说成立，西周初年尚为幼儿的叔虞，需要多少年才能得到儿子燮父，燮父又需要成长多少年才可以都晋？从武王克商算起，这或许十几年、或许几十年的时间尚未厘清，工程便指琉璃河、曲村遗址“与推定克商年范围有较直接联系”，是工程这个判断过于草率，还是这十几年或几十年的误差对工程的克商年研究不是那么重要呢？

加上“殷墟文化四期的年代有可能延续到西周初期”这两项叙述，并不支持蔡文“年代上限超过公元前1050年的几率很小”的判断，更不能得出“故克商年范围的上限是公元前1050年”如此肯定的结论。

“克商年范围”是断代工程西周王年研究的关键证据，仇团队推出的年代上限，明显经不起推敲。如果仇团队专家辩解这个年代上限是出于他们的计算，几个问题需要专家回答：为什么上限不可能是公元前1060年？或者为什么不可能是公元前1060年到前1051年之间的任何一年？既然蔡文用量化的概念“几率”对如何得出“克商年范围”加以说明，那么仇团队计算克商年上限“几率”的公式，或者具体计算方法和步骤是什么？上限为公元前1050年的几率是多少？公元前1051年的几率是多少？公元前1060年的几率又是多少？讨论日历年代的转换，^{14}C专家一般都会介绍所依据的校正曲线或计算公式，列出详细计算数据的表格对^{14}C数据逐一加以说明，为什么到了用来讨论非常具体和非常关键的克商年，却看不到论证所需的曲线或公式、计算步骤和数据表格？如果工程仇团队的专家拿不出结果只能是公元前1050年的“几率”计算公式和计算步骤，蔡文所说的“几率”岂不就是一个幌子，用来遮挡未经计算的主观取舍，甚至信口开河！蔡文用经不起推敲的“几率”来支持自己“判别”出来的公元前1050年，排除了别人经过计算得出的公元前1060年，工程仇团队对克商年上限所下的结论是否过于主观、过于轻率？

接下来讨论“克商年范围”下限。请看蔡文的论述：

> 下限的选定除考虑沣西遗址拟合结果以外，还要综合其他遗址出土样品的测定结果，几乎很难低于公元前1020年。[29]

上引蔡文说过：“沣西遗址拟合结果”的下限，常规法为公元前1010年，AMS法为公元前995年。所以《简本》或蔡文“克商年范围”下限的公元前

[29] 蔡文，第5页。

1020 年，并非出自任何实验室的测量结果，完全依靠了“综合其他遗址出土样品的测定结果”。因此这个“综合”是否能够成立，值得认真推敲。

我们还是按照蔡文的注解，找到《简本》以“综合其他遗址”讨论“克商年范围”下限年代的具体论述。请读者特别注意，以下这段论述见于《简本》和《全本》，是工程仇团队推出“克商年范围”下限的关键论述：

> 琉璃河遗址一期 H1０8 出土有“成周”甲骨，其年代不得早于成王，因此其上界可以作为克商年的下限。该遗址第一期墓葬中最早的年代数据的中值为公元前 1020 年，由此得出克商年的范围为公元前 1050－1020 年。[30]

认真推敲这段论述，工程仇团队在相关的研究方法上犯下了若干有违专业研究人员基本素养的错误。

第一，对 H108 考古年代的判断，犯下了“强不知以为知”的错误。

用考古学方法论衡量“琉璃河遗址一期”到“克商年的下限”这句话，存在着明显的疏漏。以所含“成周”甲骨，判断 H108“年代不得早于成王”是成立的，但“因此其上界可以作为克商年的下限”，就是错误解读前半句的考古年代判断了。因为在考古方法论上，H108“年代不得早于成王”，其准确含义是 H108 的“年代为成王或者更晚”。也就是说，H108 的年代可能是成王，也可能是康王，甚至更晚。在考古学上，“年代不早于”是一个包含年代不确定性的判断，这个判断包含了年代的不确定性，当然也包含了其年代上限的不确定性。仇团队这里把 H108“年代不得早于成王”误解为“年代上限为成王”，这就抹去了原推论所包含的年代判断的不确定性，悄悄地改变了一个考古学年代判断句的含义，把考古研究尚不十分确定的 H108 的年代，当作确知年代、确知年代上限的研究证据。《简本》和《全本》反复出现 H108“其年代不得早于成王，因此其上界可以作为克商年的下限”这句话，显示出工

[30] 《简本》，第 43-44 页。完全相同的文字亦见于《全本》第 158 页。

程一次又一次犯了“强不知以为知”的错误[31]。以笔者在北大学习和讲授考古课程的经验，这种对考古年代判断缺乏正确理解的简单错误，但凡用心学习过考古基础课程，认真参加过田野考古实习者皆可避免。工程《简本》和《全本》反复出现这个错误，也印证了邹老师信中“真正的专家都不发言”，以及俞老师所说的“我们几个在工程所有的会议上，不表态、不发言，错不错，由他去！”

第二，句中的“年代数据中值”，没有计算公式可以凭借，所得出的“中值”甚至违反小学的数学常识。

以下是《简本》列出的所有琉璃河一期的 ^{14}C 数据和相关论述：

样品	编号	测年	拟合	出处
M509 人骨	ZK5802	2890±35	1040－1006	（《简本》，第 13 页）
M503 人骨	ZK5800	2878±33	1040－1007	（《简本》，第 13 页）
H108③木炭	SA98129	2843±50	1053－974	（《简本》，第 14 页）
H108①木炭	SA98127	2803±50	1048－954	（《简本》，第 14 页）

31 《全本》第 25 页论述琉璃河 H108 遗存时写到：“‘成周’卜甲的出现表明 H108 堆积的年代不会早于成周的建成，即其上限不应超过成王时期。”这个表述与“年代不得早于成王”相似，依然包含了年代的不确定性。举个例子：出于晋侯墓地 M8 的晋侯苏钟有“王入格成周”的铭文，仅依据此条铭文的“成周”判断 M8“其上限不应超过成王时期”是可以的，因为这个年代判断有所依据，而且这个判断包含了 M8 年代的不确定性。它允许考古人员根据 M8 其他的年代证据进行更具体、更准确的年代判断。但是，仅根据这条铭文便说 M8“其上限为成王时期”就有问题了，因为“不应超过成王时期”年代判断所包含的不确定性并未消除，就不能得出“其上限为成王时期”的年代判断。只有凭借 M8 其他的年代证据，得出准确的年代判断，才可以确知晋侯墓地 M8 具体的年代或年代上限。同理，根据琉璃河 H108“成周”卜甲判断其“年代不得早于成王”是可以的，但凭此判断便说 H108“其上限为成王时期”，就隐去了原年代判断所包含的不确定性，犯下了“强不知以为知”的错误。

> M1193 椁木保存良好，经常规 ^{14}C 测定，年代为公元前 1015－前 985 年，这为西周始年的推断提供了参考。[32]

仇团队是如何从这些数据得出公元前 1020 年如此准确的年代的？M1193 的数据，姑且可以“为推断西周始年提供参考”，但又如何把它转换成为公元前 1020 年这一克商年下限？

姑且套用上面所引《简本》所说的“中值”计算：琉璃河一期五个 ^{14}C 样品数据的拟合结果，其“中值”分别为 1023、1023.5、1013.5、1001 和 1000，平均值为 1012.2，也就是公元前 1012 年。这些结果，没有一个明确指向公元前 1020 年，反而更接近被仇团队弃而不用的公元前 1010 年。蔡文“几乎很难低于公元前 1020 年”的论述则更不能成立。仇团队也许要强调他们说过琉璃河“第一期墓葬中最早的年代数据的中值为公元前 1020 年”，但简单计算第一期墓葬这两个数据的平均值是 1023 和 1023.5。连小学生都知道 1023 不等于 1020，既然仇团队要的是准确的年代，那为何排除了还算有计算依据的“中值”1023？又凭什么排除琉璃河同期其他样品 ^{14}C 数据的“中值”？1020 这个数字是怎么出来的？又根据什么公开发表这个明显不是任何一个样品的“中值”，又没有任何具体计算步骤支持的年代数据？

第三，仇团队在 ^{14}C 校正年代范围内挑选自己所需的“中值”年代，排除同样在校正范围内、不是“中值”的其他年代，此举不能得到放射性碳校正技术的支持。

以上征引《简本》琉璃河一期 ^{14}C 样品数据，皆有六十至七十年（1σ，常规校正），或三十年以上（1σ，“拟合”校正）的可能年代范围。工程仇团

---

32 《简本》，第 15 页。M1193 椁木由于发掘年份不同没有列入《简本》表三：《琉璃河燕国墓地分期及常规 ^{14}C 测年数据》，《简本》，第 13 页。

队使用“中值”在这几十年的年代范围内挑选了“公元前 1020 年”作为“克商年范围”的年代下限。此举似乎是要证明：^{14}C 校正得出的可能年代范围之内，只有“中值”才是唯一正确的年代。仇团队此举的想象力十分大胆，但不能在放射性碳校正技术上得到支持。因为放射性碳的校正技术，并不允许在 ^{14}C 校正得出的年代范围内进一步挑选某一个“正确”的年代、排除同样在校正范围内的其他年代。

因此，仇团队是违背了自己学科的规范。他们在样品 ^{14}C 测量结果的 1σ，68%置信区间的可能年代范围中，按自己预先设定的年代选取了“克商年范围”的“下限”[33]，然后说 ^{14}C 校正计算的数据计算支持他们所选的年代。的确，他们选中的年代，有正确的可能，但依照 ^{14}C 技术的规范，在样品校正后置信范围所覆盖的几十年或上百年的年代范围以内，每个年份都有正确的可能。^{14}C 校正技术之所以使用由置信率来决定可能的校正年代范围，就是表示在校正后的年代范围内所有的年份都具有正确的可能性。换言之，^{14}C 校正技术在计算出年代范围之后，并不允许在已经决定的年代范围内进一步挑选某一个具体年代作为唯一正确的年代使用。因此，仇团队用所谓样品“年代数据的中值”在校正年代范围内选择某个具体年代作为自己需要的“克商年范围”的“下限”，此举不能得到 ^{14}C 技术的支持，而是掩耳盗铃、自欺欺人之举。

[33] 按上节倪德卫邮件引述仇士华在芝加哥会议时对他们的陈述，仇士华极有可能是根据工程负责人的要求预先设定了“公元前 1050-前 1020 年”这三十年的年代范围。2002 年芝加哥会议期间，笔者在私下场合特意向仇士华请教“公元前 1050-前 1020 年”是如何得出的。仇先生回答说，“是我自己的手工算法”（仇的原话）。他说，“手工算法”是他发明的。他解释，他的“手工算法”实际上就是结合不同相关遗存 ^{14}C 校正数据进行的再计算。笔者当即向他说明，这种“手工算法”人为成分甚高，建议他放弃使用这个自创的“手工算法”。芝加哥会议之后，笔者 2002 年 5 月 25 日给李伯谦老师写了一封信，详细描述了仇士华对笔者所说的“手工算法”，并且向李老师建议彻底放弃仇士华的“手工算法”，因为这个算法没有任何放射性碳测年的理论可为依据，不可能经得住世界范围学术界的认真推敲。工程如果在正式报告中使用凭借这个算法得出的年代，可能会犯下难以挽回的错误。

总之，工程的“克商年范围”研究，在方法论上出现了若干明显的硬伤。他们对遗迹的考古年代判断强不知以为知；其“年代数据的中值”的没有任何算法可为依据；更在放射性碳校正技术上大胆违规，对 ^{14}C 校正之后的年代范围再次加工，选取自己主观预定的年代。因此，工程的“克商年范围”不仅不可靠、不可信，甚至显示工程纵容自己的专家故意违反相关学科的基本规范。这为 ^{14}C 技术用于历史年代研究创下了极为负面的典范。

工程“克商年范围”的问题还不止如此。即便仇团队主观挑选得出所需的“克商年范围”存在以上诸多问题，工程还是迫不及待地把“克商年范围”当做标尺，直接评判历史家的克商年研究。在评判过程中，工程和仇团队又向历史学家和读者刻意隐瞒了“克商年范围”不容忽略的几个特征：第一，“克商年范围”是 ^{14}C 的校正年代而不是日历年代；第二，“克商年范围”是以 1σ 的置信率对日历年代做出的估计，而 1σ 在 ^{14}C 校正技术中是可信度最低的置信率；第三，按照放射性碳校正技术的规范，工程在使用“克商年范围”讨论历史年代时，必须标明“克商年范围”的置信率或称可信度。

这里说仇团队刻意隐瞒，是因为该团队是等级甚高的 ^{14}C 专家团队。他们不可能不了解国际 ^{14}C 技术领域关于校正年代和使用校正年代的规范。这里抄一段美国《放射性碳》杂志 2011 年公布的、对《放射性碳》所有作者如何把放射性碳校正年代表述为日历年代的明确规范：

7.0　　Radiocarbon Conventions

……

Calibrated Ages: cal BC, cal AD, cal BP

The symbol **cal** is used to express calibrated radiocarbon ages. Note that “cal” should be understood as “calibrated”, not “calendar”. A “calendar age” is an absolute date, whether known or guessed; a “calibrated date” is an estimate based on statistical probability, and is therefore properly expressed as one or more ranges of calendar years, accompanied by the appropriate confidence level.

Wrong: The linen sample dated to 780 ± 40 BP, or cal AD 1263

Correct: The linen sample dated to 780 ± 40 BP, or cal AD 1220–1281 (1σ)[34]

（以下中文译文）

7.0 放射性碳的协定

……

校正年代：cal BC、cal AD、cal BP

符号 **cal** 用于表示校正后的放射性碳年代。请注意，“cal”应理解为“校正的”（英文“calibrated”），而不是“日历的”（英文“calendar”）。“日历年代”是一个绝对年代，无论是已知的还是猜测的；“校正年代”是基于统计概率的估计，因此把校正年代表示为一个或多个日历年范围的正确方法是附有适当的置信水平。

错误：亚麻样品的测年为距今 780±40，或日历年代公元 1263 年

正确：亚麻样品的测年为距今 780±40，或日历年代 1220－1281 年 (1σ)

简要归纳以上《放射性碳》杂志公布的规范：**所有 ^{14}C 校正计算得出的年代，都是校正年代而不是日历年代；不附加置信率便把校正年代当做日历年代是错误的；校正年代附加置信率才是表示日历年代的正确方式。**

以上规范特别举例说明：在一个距今 780±40 的校正年代中取“公元 1263 年”一个日历年代是错误的。该校正数据的正确的日历年代应表述为“公元 1220 年到 1281 年”，并且必须注明计算这个年代范围所用的 1 σ 的置信率。从这个例子来看《简本》的“克商年范围”，尤其是使用“中值”选择公元前 1020 年为其“下限”的做法，不正好被自己学科公布的规范标明为“错误”了吗？

34 *Radiocarbon Information For Authors*, Radiocarbon，Department of Geosciences, The University of Arizona，Tucson, Arizona, USA, May 25, 2011. pp. 5-6.

大家还可以查一查工程《简本》和《全本》，以及工程所有使用“克商年范围”，讨论克商年的具体论述。在公开使用“克商年范围”讨论历史年代的文字中，工程从来没有注明“克商年范围” 1σ 的置信率，或 68%的置信区间，或用历史学者和读者更容易理解的 68%的可信度。从来没有在使用“克商年范围”时向读者说明这是以 1σ 置信率对克商年范围这个日历年代范围的估计。这也明显违反了《放射性碳》杂志关于如何正确使用 ^{14}C 校正年代的规范。

为什么工程和仇团队在使用“克商年范围”时不按界内的规范标注置信率或可信度呢？或者工程为什么不明确地说，他们把具有 1σ，68%置信区间的“克商年范围”作为克商年研究的标尺，对以往历史家和天文史家的克商年研究进行了选择或剔除？很明显，他们知道历史家和读者对 68%的可信度持有怀疑或难以接受。尤其他们那么严格地用“克商年范围”，以年为精度对历史家的研究大刀阔斧地进行剔除，如果在使用“克商年范围”时标明该年代范围仅有 68%的可信度，历史家和读者会有何反应，做何感想呢！

那么，工程为什么不认真论证：68%置信区间或可信度的校正年代，用来讨论历史年代研究中十分关键的克商年已经足够了呢？答案应该也很明显：无论工程怎样论证 ^{14}C 校正技术 1σ 置信率得出的年代如何可信，也不能改变“克商年范围”仅有 68%的可信度。对于历史学家和大多数读者，68%就是 68%，在历史年代研究中使用 68%可信度的 ^{14}C 校正年代做个年代参考无可厚非，但把 68%可信度的校正年代当做高于以往所有克商年研究的标尺，用来衡量和排除两千年来所有克商年相关的研究，便是对历史年代研究的不恭敬，已经明显曝露出工程年代研究的不严谨和不严肃，遑论让多数读者和历史学家口服心服地接受呢！

工程又为什么非要使用这个让历史家和读者都感到十分别扭的 68%的可信度，来讨论克商年呢？^{14}C 校正技术明明还提供了可信度更高的 2σ（95.4%）和 3σ（99.7%）两种置信率，面对十分关键的克商年研究，工程为什么不使用这些更高可信度的置信率呢？如果读者比较本书第 18 页表二列出的 1σ

（68%）和 2σ（95%）两组测年数据，答案便非常明确：因为使用可信度更高的置信率，校正得出的“克商年范围”的年代跨度就会加大，大到超出以往所有克商年学说所涵盖的一百多年的范围。这就令 ^{14}C 技术对克商年研究失去了实际的意义。

请读者注意：无法使用 2σ 或 3σ 两种较高置信率得出的校正年代范围来讨论克商年问题，这是工程每一位 ^{14}C 专家心中有数的基本事实，是完全可以预判的结果。因此，工程几位“首席科学家”在规划以 ^{14}C 的“克商年范围”作为克商年的基本“研究途径”时，便已决定强迫历史家和读者接受仅有 68%可信度的“克商年范围”。也就是说，工程规划的“克商年范围”研究，就是强迫学术界接受低可信度的 ^{14}C 年代可以用来讨论克商年。工程使用“克商年范围”排除以往历史家的克商年研究，则更是强迫学术界接受低可信度的 ^{14}C 年代范围仍然高于所有历史家年代研究这一强横逻辑。这个逻辑，不仅缺乏足够的科学依据，而且是基于自以为是、强加于人的思路所形成的规划。

要之，仇团队的所谓“克商年范围”，无论其“上限”还是其“下限”，皆凭主观取舍选出，在 ^{14}C 技术中得不到可以凭借的支持。工程在牵强得出这个年代范围之后，还违背 ^{14}C 校正的技术规范，刻意隐瞒了“克商年范围”较低的可信度，却到处使用这个仅有 68%可信度的年代范围，以年为精度大刀阔斧地排除史家的克商年学说。工程的“克商年范围”从规划、产生到应用存在诸多违背 ^{14}C 技术规范的硬伤。仇团队凭借其 ^{14}C“首席科学家”的身份，多处对关键 ^{14}C 年代数据做手脚，然后用工程在界内掌握的话语权强加于人和封杀反对意见，达到欺上瞒下、一手遮天、推出缺乏学术价值的历史年表，用来向上交差和自充门面。

这里还要多说几句：从西汉起，中国学者试图解决克商年的研究已有两千多年的历史。历代学者费尽心力，从汗牛充栋的文献、文字中寻找证据，对解决克商年问题做了各种艰辛的尝试，有的学者甚至为此付出了毕生的努力。他们得出的克商年的不同结论，年代多达数十个、时间跨越一百多年。其中每位学者的研究，代表了中国年代学研究的一种思路和尝试，因此弥足珍贵。它们的存在，就是“百花齐放”，尽显“百家争鸣”这个从战国时代承袭下来的中国国学的治学道德。工程仇团队 ^{14}C 专家无须如历代史学家那般苦心求证，在《简本》用短短 450 个字便推出了一个“克商年范围”[35]。其中随便一句“年代上限超过公元前 1050 年的几率很小”，便排除了其他方法的测量结果，又随便一句“几乎很难低于公元前 1020 年”，便推出了一个经不起推敲的公元前 1020 年。然后把“公元前 1050-1020 年”这个轻易得来的、包含错误解读考古年代判断、得不到小学算术支持、曲解 ^{14}C 校正技术、明显带有主观成分、仅有 68%可信度的年代范围当作克商年研究的标尺，到处用来挑剔和排除历代学者的克商年研究。却从未对《简本》用 450 个字推出的“克商年范围”加以足够充分、足够严谨、足够透明和足够科学的论证。工程“克商年范围”的所作所为，是借现代科技之名操弄克商年研究这个十分严肃的史学议题。显示出工程几个“首席科学家”对历史年代研究方法的规划和运用武断草率，甚至胆大妄为。也显示了这几位人士对历代国学先贤不够尊重，对中国历史年代学研究过于外行、对考古分期和考古年代判断一知半解、对世界 ^{14}C 技术的规范过于轻蔑了。

剖析工程仇团队的“克商年范围”还可以看出，轻易把非文字证据引入历史年代研究，会徒增历史年代研究的混乱；除非技术领域有关非文字证据的年代研究发生革命性突破，在今后的克商年研究中，非文字证据不能占据高于文字证据的主导地位。工程把存在诸多问题的“克商年范围”当做评判所有克商年研究的录取线和标尺，显然是极其荒唐的做法。

工程郭团队推出的另一“克商年范围”

怀柔会议上传阅了郭之虞、马宏骥撰写的《如何看待与使用系列样品 ^{14}C 年代校正方法》一文。就在这个时候，郭先生给我写了电子邮件，我和郭之

35 详见本书附件 7，笔者在《工程 ^{14}C 专家推出的另一个“克商年范围”及评论》一文展开的讨论。

虞先生便开始了直接的交流。通过和郭先生的交流我了解到：工程的 ^{14}C“拟合”算法，具体是由郭先生领导的北大技术物理系、考古系的 ^{14}C 专家团队通过 OxCal 程序来完成的。仇士华对 OxCal 程序的操作细节并不了解。这就解释了仇士华为什么在芝加哥会议上说“拟合”计算“主要是北大那边搞出来的。”郭先生主动和我联系展开交流，是要就蒋文对工程 ^{14}C 的批评做更多了解，以改进和提高他们已经进行数年的 OxCal 程序的 ^{14}C 校正计算。后来的这几年，电子邮件是我们主要的交流渠道。我与郭先生在美国硅谷和北京也长谈过几次。通过书面或当面与郭先生的交流，他的坦率，他对我的问题的认真回答和讲解，让我又领略了北大许多老师身上饱含的那种严谨求实的治学品德。也因为如此，我对郭先生和他领导的北大团队十分尊重。

实际上，在《简本》发表之前，郭之虞先生和北大 ^{14}C 团队曾在荷兰的 NIM 杂志发表了关于夏商周断代工程使用 AMS 放射性碳测年的文章（以下简称郭 2000）[36]。在这篇文章里，他们对使用放射性碳研究夏商周历史年表表达了很大的保留。这里摘引郭团队这篇文章的两段原句和蒋文的原句进行对比：

一：

郭：对于年代学研究，放射性碳测年原则上不是理想的工具。[37]

蒋：实际上，在西周王年的讨论中使用 ^{14}C 测年，不见得是个值得鼓励的创造。[38]

---

36 Zhiyu Guo, Kexin Liu, Xianyang Lu, Hongji Ma, Kun Li, Sixun Yuan, Xiaohong Wu: *The use of AMS radiocarbon dating for Xia-Shang-Zhou chronology*, Nuclear Instruments and Research Methods in Physics B. 172 (2000), P724-731, Amsterdam, Netherlands.

37 郭 2000，第 725 页。

38 蒋文，第 98 页。

二：

郭：AMS 放射性碳测定技术已经在考古学中使用了很长时间，并带来了许多好处，但对于年代学研究，还需要进一步的研究。[39]

蒋：总之，工程的 ^{14}C 测年从校正程序的选择、校正计算到数据的运用尚存相当多的问题。其“拟合”的问题尤其明显。在运用这些数据之前，这些疑问都有待澄清。这个学科对西周年代研究所做的贡献，也要待这些疑问消除后才能予以估计。[40]

对比以上文字读者不难看出：对于使用 ^{14}C 对历史年代进行研究，两篇文章表达了含义近似的保留和慎重态度。这和仇士华团队过分夸大 ^{14}C 在历史年代学研究上的作用形成鲜明对比，也解释了为什么工程的两个 ^{14}C 团队对蒋文有完全不同的看法。

郭先生告诉我，经过与工程考古专家们讨论我的文章后，他准备对沣西测年数据的 AMS 校正计算再做些调整，并且发表新的计算结果。关于我对徐良高 97 沣西考古分期的批评，郭先生说：“我专门请教过邹衡先生，他认为你的批评是对的。所以我们会对如何使用 97 沣西考古分期第一期的上限，以及第二期和第三期的分界加以注意。”

2005 年，这篇由郭之虞等十人签名的、题为《中国陕西沣西遗址的 AMS 放射性碳测年》的文章发表在美国“Radiocarbon”杂志上[41]（以下简称郭文）。

---

[39] 郭 2000，第 731 页。

[40] 蒋文，第 98 页。

[41] Zhiyu Guo, Kexin Liu, Sixun Yuan, Xiaohong Wu, Kun Li, Xianyang Lu, Jinxia Wang, Hongji Ma, Shijun Gao, Lianggao Xu: *AMS Radiocarbon Dating of the Fengxi site in Shaanxi, China*, Radiocarbon, Vol 47, No 2, p221-229, Department of Geosciences, The University of Arizona, Tucson, Arizona, USA, 2005.

我也从郭先生那里得到了这篇文章的复印件。对于讨论《简本》和最近出版的《全本》，这篇文章十分重要。因此我对这篇文章作了专门介绍和评论，作为本文的附件 7[42]。

要之，这篇文章是工程 ^{14}C 专家在《简本》出版四年多以后公布的、经过重新计算的“克商年范围”。计算的结果把“克商年范围”订在公元前 1060-1000 年。这就否定了《简本》公布的“克商年范围为公元前 1050-1020 年”的结论。

郭团队这次依然使用 OxCal 程序进行了计算。仔细阅读这篇文章，他们对 97 沣西考古分期遗存进行的 OxCal 计算，有三个重点值得关注：

第一，文章指出，^{14}C 数据表明，97 沣西发掘第一期的样品的可能年代范围约为一百年（1σ，68.2%的置信率），于是该文放弃了 97 沣西考古分期以文王迁丰作为第一期年代上限的观点。

> 从文献上我们知道文王迁丰两年之后就去世了。其子继位为周武王，武王十一年征商。至此，从丰城建立到灭商仅用了十三年。然而，校正给出了序列的较早边界，即公元前 1170－1070 年，置信水平为 1 σ，这意味着最早的周人居民可能在这个时间段的某个时间点来到该地区。第 1 期 1 σ 的置信区间约为一百年，从公元前 1130 年到 1025 年，这与历史记录相比太长了。出现这种差异有几个可能的原因。与 ^{14}C 误差相比，十三年太短了，校正曲线的形状进一步延长了日历年的间隔。有一个高台为公元前 1125－1050 年，然后是另一个高台公元前 1045－1015 年，变化仅为三十 ^{14}C 年（图 6）。因此，第一期延长较久是很正常的。蒋认为，这个地区可能有崇人的遗迹，这也可能延长了第一期。[43]

---

[42] 附件 7（见本书第 139 页）对郭文和《简本》两个“克商年范围”有深入的讨论。有兴趣的读者可以查阅。

[43] 郭文，第 227-228 页（引文出处见脚注 41），详见附件 7 的相关讨论。

第二，放弃使用 97 沣西考古分期以“成王前期”和“成王后期”来区别其第二期和第三期的观点。从该文表一[44]和图六可以看出，郭团队是把 97 沣西考古分期的第二期和第三期合并为“西周早期”加以计算的。

第三，放弃了 97 沣西考古分期使用具体周王界定各期的做法：

> 除非存在书面证据所提供的特定年代，试图指明某个特定的王属于分期的某个特定期别总会有一些危险。[45]

从郭文表一和相关的论述可以看出，该文虽然继续使用 97 沣西考古发掘的地层单位和各层样品，但见于该文的考古分期术语基本上使用了笔者 86 年丰镐考古分期，也就是一般先周、西周考古分期使用的术语。

细心的读者可以看出：2002 年的蒋文对沣西 97 考古分期的批评，第一个重点是批评 97 分期把第一期的上限订为文王迁丰；第二个重点是 97 沣西分期仅凭陶器等出土物就把一个西周成王分成两段：前段属于 97 分期的第二期，后段属于第三期；另外，蒋文也批评了 97 沣西分期不容各期交错、对各期使用王世加以界定的作法。蒋文的这几个重点，在郭文中都得到了认可。

郭文依据沣西考古遗存的 ^{14}C 测量数据得出该遗址的使用上限为公元前 1170 年到公元前 1070 年，这就明确否定了 97 沣西考古分期和《简本》关于沣西遗址年代为文王迁丰的观点。值得注意的是：郭文的署名者中还有 97 沣西考古分期的作者徐良高。在世界顶尖研究期刊发表署名文章，论证沣西遗址的年代上限早于文王迁丰，说明徐良高改变了自己的 97 沣西分期以文王迁丰为第一期年代上限的观点。这样，工程克商年研究最重要的考古依据 97 沣西考古分期，还遭到了分期作者本人的公开否定。

[44] 郭文表一见本书第 56 页表三。

[45] 郭文，第 228 页（出处见脚注 41）。

郭文发表后，郭先生给我寄来了郭文的复印件，我和郭先生就郭文进行过多次讨论。我跟郭先生讲了我的几个看法：一、对《简本》公布和使用的“克商年范围”进行修正显然是一个非常大的进步；二、计算使用了合理的考古分期、合理考古分期的上、下期限，测试的过程和细节足够严谨和透明，这和《简本》公布的“克商年范围”相比也是非常大的进步；三、我对使用 OxCal 和系列样品算法进行 ^{14}C 测年数据的校正仍然有很大保留，因此我对郭文还不能完全接受。我建议郭先生，把可以输入考古分期条件的 OxCal 年代校正功能制成一个电脑、手机下载使用的小程序，让考古人员自己加入考古年代条件进行校正计算，文责自负[46]。

笔者还要提醒读者，工程仇团队或郭团队在讨论夏商周年代使用的 ^{14}C 年代范围，均为 1σ，68.3%的置信区间，而不是 2σ，95.4%的置信区间，更不是 3σ，99.7%的置信区间。每位读者自己可以判断是否接受这篇文章所得的公元前 1060-1000 年的年代结论。但比较郭文的“克商年范围”的研究和仇团队在《简本》发表的“克商年范围”的文字，两者在科学性和学术研究水平的落差巨大。相比郭文通过认真推论得出的相对可信的年代范围，仇团队或《简本》公元前 1050-1020 年的年代范围并非出于校正计算而是出于主观取舍，牵强附会的成分极大，甚至不能摆脱造伪的嫌疑。因此，工程仇团队的“克商年范围”是学术界必须批判、必须抛弃的不实结果。

---

46 在我们谈到 OxCal 程序时，郭先生总是坚持 OxCal 程序的合理性，认为这个程序是可以完善和提高的。我并不反对郭先生的这些观点，但我更认同赖默博士回答我对 OxCal 程序问题时表达的观点：^{14}C 数据的校正应该以树木年轮、海洋沉积物等包含放射性碳年龄转换信息的材料为依据。除此之外的所有算法都应该是 ^{14}C 校正程序以外的附加程序。既然是 ^{14}C 校正程序的附加程序，就不一定需要由 ^{14}C 的专家来完成。因此我几次建议郭先生把 OxCal 和贝叶斯方法稍作加工，制成一个人人都可以下载使用的“拟合”计算工具。考古发掘者只要输入原始 ^{14}C 样品的测年数据、输入自己认定的样品系列和系列样品的考古分期作为计算“边界”，便可以得出这些样品“拟合”校正的计算结果。这样的工具交给考古学家，每个人自己使用和计算，自己对所公布的“拟合”年代负责。郭先生这样的 ^{14}C 专家，只需教会考古人员如何使用，以及优化和升级这个计算工具便是恪尽职守了。

工程一意孤行推出的《全本》

以上就《简本》“克商年范围”的重大错误、工程内部 ^{14}C 专家对《简本》“克商年范围”的修正进行了详细讨论。由此检验 2022 年 6 月出版的《夏商周断代工程报告》(《全本》)，结果令人十分失望。在《简本》发行遭到全面批评的二十年之后，《全本》不仅承袭了《简本》的全部严重错误，而且完全不征引、不理会任何对《简本》关键错误的批评意见。这样的《全本》能够出版，说明李学勤等“首席科学家”近二十年来靠主持“国家工程”操弄政治、排斥异己，已经控制了当今历史、考古界，彻底掌握了学界的话语权。这些年来，他们运用手中的权力，一方面限制反对他们的学者参与学术活动，阻止他们在学术组织任职或升职，贬低和打压界内和他们对立或持有不同意见的学者，不让负面批评的文字公开发表[47]；另一方面任人唯亲，扶持亲信或顺从之人出任界内各类要职。这些年来，他们通过这些做法，使批评反对意见噤声，阿谀吹捧之声四起。在没有或者极少反对声音、耳边皆闻曲意逢迎之词的情况下，他们自己也头脑发热，放弃了知识分子起码的冷静，抛开二十年来学术界对《简本》的种种批评，最终贸然推出了《全本》。

[47] 我这几句话不是随便写的。这些年来我这里似乎成了国内同行表达对当今学界不满的一个出口。他们口头或文字对我讲述的、他们或其他学者遭受排挤打压的种种经历，转发给我的他们不能发表的文字，足够写上几本书了。他们当中有人以为我在美国可以帮助他们发声，非也。在李学勤等掌握了界内话语权之后，扩大了文字监管的力度，国内同行写文章引用蒋文的文字都需要删除才能发表。我自己写的文章，不要说不可能在国内主流刊物上发表，就连美国大学的中国研究刊物、台湾的学术研究刊物也都担心影响与国内的合作交流或订购广告等而不予发表。而本人在美国多年来一直拒绝与任何有政治色彩的出版物合作，因此只好把被退回来的文章束之高阁了。这里也挑出两篇当时投稿美国、台湾学术出版机构但未能发表的稿件，附在本书的附件 8 和附件 9，以飨读者。

既然《全本》全面承袭《简本》，笔者二十年前完全从学术上分析和批评《简本》的蒋文，以及以上分析批评《简本》和蔡文的文字依然完全有效，本节则对《全本》的策划者背离学术道德，知错不改，强力推出《全本》举若干要点加以讨论。

1．继续顽固使用错误的 97 沣西考古分期

在考古界几乎一致否定 97 沣西考古分期的情况下，《全本》完全没有专注如何修补 97 沣西考古分期的错误，依然以沣西“H18 延续时间应在十三年左右”这个极其荒唐的年代推断为其“克商年范围”研究的依据，并且公开撒谎，说这当代中国考古最大败笔之一的97沣西考古分期不过是“尚未定论”：

> 考古信息，我们依据考古工作者的推断。马王村沣西遗址中 H18，代表了从文王迁丰到武王克商后这一短暂时期的堆积。据文献记载，文王迁丰后数年即逝世，武王即位八年后举师伐商，数年后过世。因此，H18 延续时间应在十三年左右，这虽尚未定论，估计 H18 前后相距时间短暂应该可信。[48]

从本文上一节的讨论，《全本》关于沣西 H18 的这段文字，基本抄自蔡莲珍 2003 年发表于上海博物馆《文物保护与考古科学》的文章[49]，该期刊注明这篇蔡文的“修回日期”为 2022 年 2 月。按照这个日子，批评 97 沣西考古分期的蒋文、论证 97 沣西 H18 远不止十三年的郭文尚未出版，因此蔡文写下“H18 延续时间应在十三年左右，这虽尚未属定论”或情有可原。但近二十年

[48] 《全本》第 399 页。这段文字除了改正了蔡文的错别字外，全部抄自蔡文。

[49] 即蔡文。

后，《全本》再抄这段文字，仍然用“尚未定论”来掩饰明显错误的 97 沣西考古分期，就是公然蔑视学术批评，公开编造谎言了。

97 沣西考古分期为学术界所否定早已是不争的事实。界内批评这个分期的文字甚多，以下仅举几个重要的例子：

2002 年 9 月公开发表的的蒋文明确指出，97 沣西考古分期和这个分期对于 H18 年代的判断，不是一个一般考古分期失当的偶然失误，而是一个违背的考古学理论和方法论刻意穿凿；

- 蒋文对于 97 沣西考古分期的批评，在 2002 年 4 月的芝加哥大学夏商周断代工程专题辩论会上得到了张长寿先生的公开支持，此后还得到了宿白、徐苹芳、邹衡、俞伟超、张忠培、严文明等中国考古界顶级考古学家的支持；
- 工程在 2002 年 6 月前后举行的两次专家组扩大会议，重点都是讨论蒋文。蒋文对 97 沣西考古分期的批评，得到了几乎所有参加会议的学者的肯定或默认。在两次会议的讨论过程中，没有任何学者出面反对蒋文的批评，也没有任何学者为 97 沣西考古分期进行过辩护；
- 身在美国的资深历史学家许倬云也在 2002 年 11 月行文公开支持蒋文，指出 97 沣西考古分期“落了‘强不知以为知’的学术大忌”[50]；
- 在 2005 年美国“Radiocarbon”杂志上，由工程专家组成员郭之虞等人署名的文章，根据北大 ^{14}C 团队对沣西 ^{14}C 数据的 AMS 法测年研究说明：97 沣西 H18 即沣西考古第一期的年代可能超过百年，并且援引蒋文关于丰镐遗址先周遗存可能为崇人遗存的观点，作为 H18 可能超过百年的理由加以论证[51]；

50　见本书附件 5。

51　详见附件 7 郭文关于沣西遗址使用上限的讨论。

- 以上 2005 年“Radiocarbon”的文章，署名者中还有 97 沣西考古分期的作者徐良高。该文论证 H18 延续时间可能超过百年的文字，徐良高负有最主要的审阅责任。他的署名，表明他已经放弃了自己在 97 沣西考古分期作出的第一期年代上限为文王迁丰的判断；
- 《全本》第 468 页在论述对 97 沣西遗存 ^{14}C 数据的校正计算时写到：

> 系列样品的年代校正结果表明，沣西遗址一至六期的延续时间为公元前 1130－前 785 年。[52]

读者请注意：工程最后推出的克商年为公元前 1046 年。《全本》第 468 页写下 97 沣西遗存的年代上限为公元前 1130 年，明确否定了 97 沣西考古分期年代上限为“文王迁丰”的判断，更否定了以上所引《全本》第 399 页“H18 延续时间应在十三年左右”的判断。

因此，《全本》第 399 页所依据的“考古信息”，或称 97 沣西考古分期，尤其是第一期上限为文王迁丰，以及 H18 堆积时间只有十三年的判断，在中国考古界不仅不可能成为“定论”，而是一个遭到中国考古界彻底否定、遭到以上所引《全本》自身的否定、在界内已经引以为戒的重大失误。《全本》第 399 页拒不理会界内对 97 沣西考古分期的强烈批评，甚至不顾《全本》第 468 页明确否定 97 沣西考古分期第一期年代上限的论述，仍以 97 沣西考古分期为工程论述克商年范围的条件。凭一句 97 沣西考古分期 “虽尚未定论”，便轻松得出 H18 遗存只有十三年的考古分期“应该可信”，这是蔑视二十年来大量的相关学术批评，漠视 2002 年几次工程专家组扩大会议对蒋文的主流意见，无视《全本》自身公布的 97 沣西遗存包括 H18 遗迹 ^{14}C 数据样品的校正结果，

[52] 《全本》第 468 页。

公然掩饰错误，公开蒙混过关！这是《全本》创下的一个坚持《简本》重大错误的典型范例。

2．继续顽固使用主观臆造的“克商年范围”

《全本》完全承袭了《简本》“克商年范围为公元前 1050-前 1020 年”的结论。《全本》论证和得出这个年代范围的文字在“沣西 97SCMH18 的发现与测年”一节的第 157 页到第 158 页，论证所使用的文字、^{14}C 数据和表格基本与《简本》和蔡文相同。但行文时不再采用蔡文以“几率”来讨论克商年的上限和下限，可见蔡文的“几率”说不可靠，更不可凭借。

《简本》为论证“克商年范围”为公元前 1050-前 1020 年，列举了 97 沣西考古遗存常规 ^{14}C 测年、AMS 测年两张表格作为证据。《全本》论证“克商年范围”的方法基本与《简本》相同，依然使用 97 沣西考古遗存常规 ^{14}C 测年、AMS 测年两张表格作为证据。不过，《全本》第 157 页称，使用常规法测年数据校正后“武王克商年的年代范围为公元前 1050-前 1010 年”，使用 AMS 法得出“武王克商年的年代范围为公元前 1060-前 1000 年”。这个 AMS 法的测量结果，与《简本》和蔡文公布的 AMS 法测量结果为“公元前 1060-前 995 年”不一致，但《全本》并没有说明为何出现了差别。

于是我们再认真比较同为 97 沣西考古遗存 AMS 测年数据表的《简本》表十一[53]和《全本》表 3-3[54]，这两张表列出的测试样品基本相同，但两表互见的所有十四个样品的校正年代竟然都不一样。

---

53 《简本》，第 43 页。该表列出十四个样品。

54 《全本》，第 157 页。该表列出十五个样品，其中十四个样品与《简本》表十一完全相同。关于两表的详细对比，请见本书附件 7 的讨论。

《简本》和《全本》AMS 法的“克商年范围”出现了不一致的年代结果，AMS 测年数据表格的校正结果也完全不一样，为什么《全本》不加以说明，甚至对数据表格不做注解，不说明出处？这难道又是个浑水摸鱼？

Table 1 ^{14}C ages and calibrated dates of the samples excavated from the Fengxi site in 1997.

	Phase	Field nr[a]	Material	Lab nr	^{14}C age (BP)	Calibrated date (cal BC, 1 σ) 68.2%	Agreement[b]
Older Boundary						1170–1070	
Pre-Zhou	1	97SCM T2 H7	Animal bone	SA97022	2935 ± 35	1130–1040	101.2%
		97SCM T1 H18(3)	Charred millet	SA97029	2850 ± 50	1115–1025	91.8%
		97SCM T1 H18(2):1	Charred millet	SA97030	2900 ± 50	1120–1035	123.4%
		97SCM T1 H18(2):2	Charcoal	SA97002	2905 ± 50	1120–1035	123.0%
		97SCM T1 H18(1)	Charcoal	SA97003	2895 ± 50	1115–1030	123.4%
Conquest of Shang						1060–1000	
Early Western Zhou	2	97SCM T1(4)L:1	Charcoal	SA97004	2855 ± 55	1035–975	130.4%
		97SCM T1(4)L:2	Charcoal	SA97009	2840 ± 55	1030–975	128.4%
	3	97SCM T1 H16	Animal bone	SA97010	2810 ± 45	998–952	125.7%
		97SCM T1 H11	Charcoal	SA97011	2845 ± 45	1005–945	129.3%
Middle Western Zhou	4	97SCM T1 H8:1	Charcoal	SA97012	2890 ± 40	958–922	34.0%
		97SCM T1 H8:2	Charcoal	SA97013	2860 ± 35	959–920	77.1%
		97SCM T1 H3B	Charcoal	SA97015	2695 ± 50	915–840	94.5%
		97SCM T1 H3	Charcoal	SA97014	2685 ± 45	905–825	86.2%
		97SCM T1(3)	Charcoal	SA97023	2730 ± 45	920–845	103.0%
	5					860–800	
Late Western Zhou	6	97SCM T2 M8	Human bone	SA97025	2620 ± 55	832–785	127.7%
Younger Boundary						825–755	

[a]T = square trench, H = ash pit, M = tomb, L = lower part, B = bottom.
[b]The overall agreement is 107.6%.

表三：2005 年郭文表一[55]

果然，这个克商年范围为公元前 1060-前 1000 年的 AMS 法计算，并不是《简本》第 41 页所说“武克商年范围为公元前 1060-前 995 年”，即蔡文所说“测定误差较大”的那个 AMS 法的计算，而是《简本》发表之后，北大的 ^{14}C 专家

55 Zhiyu Guo, Kexin Liu, Sixun Yuan, Xiaohong Wu, Kun Li, Xianyang Lu, Jinxia Wang, Hongji Ma, Shijun Gao, Lianggao Xu: *AMS Radiocarbon Dating of the Fengxi site in Shaanxi, China*, Radiocarbon, Vol 47, No 2，p225, Department of Geosciences, The University of Arizona, Tucson, Arizona, USA, 2005.

改善了 AMS 的系统性能，减少了系统误差[56]，使用了较新版本的 OxCal 程序[57]，重新对 97 沣西遗址 ^{14}C 数据进行的校正计算。2005 年，郭团队把这个计算发表在美国“Radiocarbon”杂志上，也就是本文以上提到和引用过的郭文[58]。《全本》论证仇团队“克商年范围”的表 3-3，竟是郭文论证新的、年代结论不同的“克商年范围”所使用的表一！

郭文的测年研究，不能和《简本》出版前工程不同 ^{14}C 实验室的不同测试结果相提并论。在工程推出《简本》之前，工程内部由社科院考古所、北大技术物理系和北大考古系三个 ^{14}C 实验室对沣西等遗址的 ^{14}C 样品分别进行的测试和校正，是工程 ^{14}C 测年研究的一部分。而《简本》出版数年后发表的郭文，则是北大两个实验室的工程 ^{14}C 专家见证了《简本》的出版，参加了工程召集的讨论芝加哥会议和蒋文的两次专家会议，应李学勤、仇士华要求针对蒋文写了解释系列样品计算的文字、会后还征询了相关考古权威专家和笔者的意见，然后使用经过改善的测量方法和更新的计算程序，对 97 年沣西发掘的 ^{14}C 样品重新进行的计算。这份得出“克商年范围”为公元前 1060-前 1000 年的 AMS 测年研究，当然不是蔡文所说“测定误差较大”、结果为公元前 1060-前 995 年的 AMS 沣西 ^{14}C 样品测年研究。

虽然郭文没有讨论、甚至没有提及《简本》和工程 ^{14}C 仇团队所谓“克商年范围为公元前 1050-前 1020 年”的说法，但对比工程和《简本》、《全本》到处使用的三十年的“克商年范围”，郭文的年代范围增加了一倍。工程要是采用郭文公布的六十年的年代范围，其克商年研究就要推倒重来，工程公开

56 详见《全本》第 434- 435 页关于提高 AMS 系统性能和减少误差的论述。文中说明通过北大专家的努力改善了“夏商周断代工程样品 AMS^{14}C 测年的早期（1999 年 9 月之前）系统的长期稳定性不够好”的问题。

57 郭文说明，郭文的系列样品校正计算使用的是 OxCal v 3.9 程序（郭文, p. 266）。根据牛津大学放射性碳加速器实验室网站，OxCal v 3.9 程序推出的时间为 2003 年 6 月 10 日。

58 《全本》表 3-3 就是郭文的表一，详见本书第 56 页。

发表的大批关于克商年的论述或文章都必须收回，整个断代工程的所谓“技术路线”也需要重新规划，甚至《简本》和《全本》都应该宣布作废重写了。

从时间顺序上，《简本》出版四年多之后，郭文推出的另一个“克商年范围”，当然就是对《简本》“克商年范围”的修正或否定。从对克商年研究的实际意义和影响上看，在工程频繁使用三十年的“克商年范围”得出克商年结论的四年多之后，工程专家又以科学性明显更高的方式推出了另一个六十年的“克商年范围”，这实际上证明了《简本》克商年研究的不合理或难以成立。可是，《全本》第 157 页却以 AMS 法得出“武王克商年的年代范围为公元前 1060-前 1000 年”作为铺垫，用郭文 2005 年公布的 AMS 测年数据表格代替了《简本》的表十一，当成论述“克商年范围为公元前 1050-前 1020 年”的证据。

请读者注意：郭文根据经重新计算的沣西 AMS 测年数据表格，推算得出的是郭文“克商年范围为公元前 1060-前 1000 年”的结论。而《全本》却挪用 2005 年郭文的表格，来证明四年多以前仇士华凭主观取舍推出的“克商年范围为公元前 1050-前 1020 年”的猜测。《全本》这个张冠李戴、因果倒置的论述，不是“疏忽”或“行文不当”等学术水平不够的失误，也不单是挪用、曲解和篡改他人研究成果等违反学术道德的不义行为，而是为了坚持错误刻意设计的颠倒黑白。说明工程既没有能力论证郭文“克商年范围”的不合理，又不愿接受郭文以其表一数据论证得出的新的“克商年范围”的年代结论，也不能抹去郭团队更加可信的沣西 AMS 测年数据，更不愿意改正仇团队“克商年范围”研究的错误，只好以不加说明、不加注解，挪用郭文的数据表格去证明仇士华仅有三十年的“克商年范围”，在学术报告上白纸黑字留下了搬弄和编造证据的痕迹。工程这种做法弄巧成拙，不仅自证了仇士华版本“克商年范围”的不可信，更向世人展示了《全本》负责人是如何无视学术研究起码的学术道德、如何低估学术界和读者的辨识力！

接下来，《全本》虽不用蔡文的“几率”，但讨论得出“克商年范围为公元前 1050-前 1020 年”的这段文字，全部抄自上引《简本》或蔡文。读者也可以参考笔者上文对所引《简本》或蔡文的批评意见，了解仇团队在考古年代判断上“强不知以为知”、在 ^{14}C 年代校正上用所谓“中值”在置信范围内任意选取日历年代的做法。这些做法不能得到考古学和 ^{14}C 技术的支持，而是自欺欺人之举。尽管由工程专家组成员郭之虞领导的 ^{14}C 团队经过十分认真的科学研究对《简本》“克商年范围”做出了公开修正，《全本》依然顽固坚持使用这个由工程 ^{14}C“首席科学家”主观臆造、漏洞百出的年代范围，作为《全本》建立夏商周年表的主要标尺和根据。这是《全本》创下的又一个坚持《简本》重大错误的典型范例。

3．继续顽固坚持投机取巧的“研究途径”

从错误的 97 沣西考古分期，到不可信的“克商年范围”，几位“首席科学家”无法逃避错误规划和错误领导工程年代研究的责任。仔细研读《简本》和《全本》，这些错误，均源于他们苦心规划的工程年代的“研究途径”。

这是在“夏商周断代工程的目标和实施”条目下“研究途径和课题设计”一节的文字：

(夏商周断代工程的）研究途径主要有两条：

1．对传世的古代文献和出土的甲骨文、金文等古文字材料，进行搜集、整理、鉴定和研究，对其中有关的天文、历法记录，通过现代天文计算，推定其年代。

2．对有典型意义的考古遗址、墓葬资料进行整理和分期研究，并做必要的发掘，取得系列样品，进行常规法和 AMS 法的 ^{14}C 年代测定。

最后对各课题通过不同途径得出的结论进行综合，使研究进一步深化，得出尽可能有较多学科支撑的年代学年表。[59]

《简本》和《全本》的这段文字写得非常明白：现代天文计算和 ^{14}C 年代测定是工程的两条主要“研究途径”。他们刻意设计这个途径，就是为了避开两千多年来完全凭借历史文献和文字资料进行年代研究的基本途径。李学勤等人知道，目前的历史文献和文字资料不足以改写中国纪年。他们也知道，如果他们依然用文献和文字资料进行夏商周年代研究，将遇到重重困难而遭到失败。因此在《简本》和《全本》的开篇，公开他们所规划的“研究途径”，表明工程并不依靠历史资料或文字资料进行年代研究，这也算是他们对历史界的一种回应。他们宣称：工程是依靠天文计算和 ^{14}C 年代测定等不同学科，来建立一个新的、“尽可能有较多学科支撑的年代学年表”。

乍一看，这个“研究途径”极为合理，又甚是简便。再加上他们把这个“研究途径”包装为“多学科研究”、“现代科技”，使工程看起来更加不可挑战。“多学科研究”、“现代科技”这两个词，也成了多年来工程到处宣扬自己年代研究的两个口号。

实际上，工程的所谓天文计算只是一个衬托。在工程的“多学科研究”中，^{14}C 年代测定显然有着最重要的优先地位，换言之，工程“研究途径”所依仗的唯独 ^{14}C 年代测定。翻到《全本》“武王克商年的天文推算”一章，开篇竟有这样的论述：

（五）武王克商年的天文推算

在前述武王克商年的可能范围（公元前1050-前1020年）之内

59 《全本》第3页。与此段基本相同的文字亦可见《简本》第2页。

选取了三个年代方案来推定克商年。[60]

既然是“多学科研究”，为什么天文研究要以 ^{14}C 的“克商年范围”为起点？为什么必须首先使用 ^{14}C 的“克商年范围”，排除以往所有结论不在这个年代范围的天文研究？工程的天文研究为何如此没有底气[61]？这篇“天文推算”的开场白至少表明：工程的“现代天文计算”并不独立，工程“研究途径”所宣称的“各课题通过不同途径得出的结论”显然是句空话，工程的“现代天文计算”，或“多学科研究”只是一个幌子。对于以往包括天文计算在内

60 《全本》第 166 页。相近的文字亦见《简本》第 46 页。工程以 ^{14}C“克商年范围”为依据进行天文推算，这种方法大不同于以往所有根据与天文相关的文献或文字进行的克商年研究。工程这里以“克商年范围”展开天文研究，说明他们的天文研究并不独立，且无铁证。因此工程天文计算得出的公元前 1046 年的结论，也只能代表他们个人的一种估计。

61 笔者仔细研读过诸位天文史家关于克商年的著述。诸家所征引的天文记载文献并无大异，讨论的关键，就是对于某一天象的文献或文字记载，常有不同甚至对立的解读。比如，工程克商年天文研究，完全依照李学勤的观点，把《国语・周语》伶州鸠“岁在鹑火，月在天驰，日在析木之津，辰在斗柄，星在天鼋。星与日辰之位皆在北维”这条记载作为克商年天文研究的关键证据（李学勤，《伶州鸠与武王伐纣天象》，《夏商周年代学札记》，辽宁大学出版社，1999 年）。可是对于《国语・周语》这条记载，工程两位最有发言权的天文史家却有完全不同的见解。在《简本》发表之后，他们也公开表达过自己的意见：刘次沅先生认为“伶州鸠的月、日、辰、星天象都是不可能或很难直接看到的，显然只能是推算结果。”（刘次沅《从天再旦到武王伐纣－西周天文年代问题》，世界图书出版公司，2006 年）；张培瑜先生发表了《试论《左传》《国语》天象纪事的史料价值》一文（张培瑜，《史学月刊》，2009 年第 1 期。）。在该文摘要中，张培瑜先生直接写下了这样的意见：“《左传》《国语》记载的岁星位置、灭虢天象、《国语・周语》伶州鸠所述伐纣天象等等，均非观测实录，都是战国后人据传闻并依后来时代的天文知识推算附入的，尤其不能根据伶州鸠所述伐纣天象推求克商年代。”工程以外的学者新城新藏、倪德卫等则认为：《国语》伶州鸠武王伐纣天象是后人造伪（详见此注所引张培瑜一文）。类似对有关天象的文献记载的争论和对立，在天文史研究中非常普遍。很明显，《简本》、《全本》的相关研究并没有采纳工程权威天文史专家的观点。其克商年天文研究，基本上是按照李学勤的个人意见完成的。读者是否可以接受工程这个天文研究的结论，应该是每位读者自己的选择。但在学术上，工程克商年天文研究的结论，远不足以成为定论。

的、凭文字证据进行的所有克商年研究，工程“首席科学家”所拟定划出的唯一一道“录取线”，便是工程 ^{14}C 仇团队所界定的“克商年范围”。

因此，工程的“研究途径”就是以“多学科”、“现代科技”为幌子，用工程 ^{14}C “首席科学家”主观选取的“克商年范围”作为判别历代克商年研究对错的标准。换言之，这个“研究途径”，就是凭借 ^{14}C 测年“克商年范围”这种非文字证据，衡量和排除以往全部凭文字证据得出的克商年研究结论。这明显夸大了 ^{14}C 技术对历史年代研究的作用。

更有甚者，为了得出他们规划的三十年的“克商年范围”，工程负责人并非真的允许工程涵盖的不同学科完全独立进行研究，而是其他学科必须遵从工程 ^{14}C “首席科学家”苛刻甚至无理的要求，无条件地为工程 ^{14}C “拟合”测年提供支持。这导致整个工程年代研究从一开始就走上了弯路。这表现为：

1. 为了缩小“克商年范围”，工程 ^{14}C 要求相关考古人员提供每一期年代极短、各期不可交错的考古分期，作为“拟合”计算所需的边界条件。为了满足这一要求，工程的相关考古人员竟公然违背考古学方法论，对仅包含陶器等遗存的考古单位使用了间隔分期法分期，把各期附以明确的王世，捏造出明显穿凿的 97 沣西考古分期，尤其是极为荒唐的第一期和第二期的分期；
2. 还是为了缩小“克商年范围”，工程 ^{14}C “首席科学家”公然违背 ^{14}C 校正技术的规范，凭主观取舍从 ^{14}C 数据校正范围中进一步挑选日历年代，编造出年代范围甚小的“克商年范围”；
3. 工程贸然把 ^{14}C “首席科学家”主观选定的“克商年范围”当做衡量克商年研究的标准，用这个标准来判别和删除以往历史学家和天文史家凭文字证据和天文计算得出的各项克商年研究；
4. 工程使用“克商年范围”衡量和排除历史家的年代研究，却刻意隐瞒“克商年范围”仅有 1σ 的置信率，或 68%的置信区间的这一事实。这

是把 ^{14}C 技术或非文字证据不可避免的不确定性强加到根据文字记载进行的历史年代研究之上。

多数历史、考古学者所受皆文科训练，对"现代科技"不容易发声。他们对一开始就走上弯路的工程 ^{14}C 也并不了解详情，更无法判断工程 ^{14}C 的"克商年范围"是否可靠。这就使几位"首席科学家"可以抡起"克商年范围"的大棒，轻易地排除历代历史家和天文史家的相关研究。并且让所有历史学家、考古学家和天文史家瞠目结舌，有口难辩。工程便是以此捷径，达到了任由他们挑选或改写历史年代的目的。因此，工程的"研究途径"，就是炫耀"多学科"、"现代科技"的招牌，操弄和曲解 ^{14}C 技术，在历史年代研究上投机取巧，巧取豪夺。在历史、天文史、考古学者不了解"现代科技"的详情、难以争辩的情况下，编造出几位工程"首席科学家"想定的"克商年范围"、克商年和"夏商周年表"。[62]

几个工程"首席科学家"挖空心思设计这个"研究途径"，暴露了他们名重识暗、自作聪明、投机取巧和胆大妄为。本文提到，在讨论是否改写中国历史年代的会议上，与会的顶级中国历史、考古学家们一致认为条件并不具备，否定了宋健改写中国历史年表的意向。李学勤却牢牢抓住这个可以让他操弄政治的机会不放，借助宋健之力启动了夏商周断代工程，硬把这个学术上不可能完成的任务端上了台面。李学勤知道，克商年是整个断代工程的关键。但解决克商年问题的条件并不具备。他也知道，克商年的问题不解决，整个夏商周年表便成了空中楼阁。他要完成断代工程，把克商年问题从"无解"变成"有解"，只能靠投机取巧，靠他们苦心设计的、以非文字证据的"克商年范围"为核心的工程"研究途径"。这个有违历史年代研究基本方法的"研

62　《全本》第 517 页。

究途径”，以及他们凭主观取舍、多处违反考古、^{14}C专业规范强行推出的“克商年范围”不仅带歪了整个断代工程，也带歪了这些年来中国历史、考古研究的走向，对当代中国的学术发展造成了极大的扭曲和伤害。[63]

这里还要特别说明：笔者并非要一概否定在工程名下包括天文、^{14}C在内的诸多专题的年代研究或结论，对诸多学者已经在多处证明的工程在铜器铭文、文献、天文等研究上所犯的重大错误也暂不征引或展开讨论。本文要重点指出工程克商年研究的几个致命错误，指出工程“首席科学家”设计的、凭借非文字“证据”投机取巧的“研究途径”，是导致工程克商年研究走上歪路的最主要原因。大家知道，对于建立一个新的夏商周年表，克商年具有基石一般的作用。工程以错误的“研究途径”进行的克商年研究，意味着工程推出的“夏商周年表”的不可信。从学术史的高度，由于依靠投机取巧的“研究途径”，工程的克商年结论，不仅不能取代以往各种克商年学说，甚至连克商年研究“一家之言”的地位都难以得到。工程的克商年研究，以及工程的“夏商周年表”，给中国当代的学术研究留下的只是耻辱。[64]

---

[63] 2019年李学勤去世，《纽约时报》曾发表华尔街日报驻北京记者Ian Johnson的评论文章，其中写到“李学勤以出色的政治头脑和智慧，促成了中国历史研究转向”。该文写作的立场和笔者有很大不同，但李学勤凭他“出色的政治头脑”改变了中国史学研究的方向，却是不争的事实。李学勤所造成的这个转向，是他靠欺骗政府高官控制了断代工程，进而掌握了历史、考古学科的话语权。此后，他和由他选中的界内“释古”派的领导人物，一步步背离了中国国学研究的基本规范。他们违反科学研究方法炮制各种证据，任意以古史传说对考古发现贴写“释古”标签，贸然大幅改写中国上古史。他们不理会任何学术批评，一意孤行，为所欲为。工程和《全本》，仅是其中一个典型代表。关于这个话题，可参见本书附件9、笔者四年前完成但未能发表的《李学勤和当代中国历史研究的转向》一文。

[64] 面对学术界对《简本》的海量批评，工程“首席科学家”们似乎不敢继续宣传他们推出了正确的年代。却在公众场合频频宣称他们的年代结论，和以往历史家或天文史家的研究相比是“最优解”。他们知道工程的研究漏洞百出，却总是把自己置于高于他人的位置。真是“巧言如簧，颜之厚矣”（《诗・小雅》）。他们连学术批评都回应不了，又如何知道什么才是“最优解”呢？因此“最优解”的说法，只是他们模仿王婆卖瓜的行销词汇而已。

4.《全本》自身的互相矛盾和对立

以上论定，工程“首席科学家”设计的错误的“研究途径”，使整个断代工程的年代研究走上了歪路，导致工程出现了如 97 沣西考古分期和“克商年范围”这样关键和致命的错误。对工程的这些错误，工程内部的研究人员也会有不同、甚至对立的态度。从《全本》的白纸黑字，读者便可以看出不少论述出现了不同、甚至对立的文字。比如以上所征引《全本》^{14}C 研究在 97 沣西考古分期、“克商年范围”等议题上不同甚至完全对立的文字。通过这些文字可以看出：在同一本《全本》报告中，关于如何对待错误的考古分期，如何进行克商年相关的 ^{14}C 年代研究存在两种完全不同的主张。

两种不同的主张，体现在不同的写作风格。第一种，行文粗糙夸张，^{14}C 研究少见一步步的推导，由证据得出结论的步骤比较模糊，关键的结论不仅没有凭借适当的公式、表格和演算步骤加以论证，甚至根本没有公式、表格和演算步骤。关键年代证据的形成和使用还多处明显违背 ^{14}C 校正技术的基本原理和规范，使工程重要的年代结论经不起推敲。笔者估计这样的文字应该出自仇团队；第二种，行文审慎且保守，使用的资料经过比前者认真得多的整理，从证据到结论之间的推导比较充分，也比较严格地遵循 ^{14}C 校正技术的规范，因此所得结论也比较可信。这部分文字应该出自郭团队。两种文字，似乎未经认真统合，各说各话。在同一考古报告中对同一 ^{14}C 年代研究对象，出现了不同的年代结论和见解，令读者摸不到头脑。

文字互相矛盾的《全本》^{14}C 的写作，展示出工程内部意见严重对立，难以统一。笔者在《工程 ^{14}C 专家推出的另一个“克商年范围”及评论》（本书附件 7）中详细对比了工程《简本》的“克商年范围”和四年多之后由郭之虞团队推出的“克商年范围”。这两个“克商年范围”不仅年代范围不同，各自论证年代结论所依据的测量方法、使用的程序、对样品年代进行的分析和发布论证结果的方式等方面的专业性和透明性上更有显著差别。这两个

“克商年范围”在科学性和学术研究水平上的悬殊差别，说明工程 ^{14}C 测年研究存在两种完全不同的指导方针。大家知道，工程 ^{14}C 的研究工作，仇士华居于领导地位，他对工程 ^{14}C 研究的方法和关键结论有唯一的话语权。但从仇士华在芝加哥会议不能应对有关 ^{14}C 的提问、在会议上承认自己对《简本》发表的 ^{14}C 年代数据有疑问、会上会下推脱自己在工程 ^{14}C 研究责任的表现，以及他回国后任由他人用他的名字公开编造谎言的行为，各位也不难看出，这位“首席科学家”的学术功力和学术道德是有一定缺陷的。这样德才不够完备的人如果是个普通研究人员也许无伤大雅，但由这样的人领导如此大规模工程的 ^{14}C 测年研究就有问题了。尤其是他固执己见，即便明显违背 ^{14}C 技术的基本规范，也硬要弄出个三十年的“克商年范围”，这就要挑战工程所有 ^{14}C 学者和研究人员学术道德的底线了。因此，对于这位“首席科学家”和他的团队在 ^{14}C 研究上明显违背 ^{14}C 校正技术规范的严重错误，工程内部也必然出现不认可、甚至反对的声音。本文上面提过，这两个团队的矛盾，是在批判蒋文的工程专家会议上公开化的。工程其他方面的专家，也是通过这两个会议才知道：工程的 ^{14}C 专家对如何使用 ^{14}C 技术原来是有相当大的分歧的。

听说《全本》出版时，笔者以为仇团队应该就是 ^{14}C 写作的执笔者和统稿者。出乎意外，郭团队也执笔了其中一部分，并且他们的文字还得到了相当的保留。正是因为如此，在《全本》中，也可以看到不少对 ^{14}C 技术审慎、保守的叙述：

> ^{14}C 测年参与“夏商周断代工程”，不可能如一般历史年代的要求那么准确，只能把误差缩小到可用的程度。因此，要求误差越小越好，但必须可靠。[65]

也有这样评估考古分期信息的重要性：

65 《全本》第 497 页。

> 系列样品方法必须依靠考古提供正确的分期信息，这是两种学科的结合，否则不能降底得出的考古年代的误差。当然考古信息有误，也会导致年代的错误。[66]

根据这些表述来评论工程的年代研究，《全本》坚持使用错误的97沣西考古分期，结果当然就是工程年代研究结论的错误。

不过，一部报告的同一主题，出现两种不同的文字甚至互相矛盾的年代结论，毕竟会给读者造成阅读上的不便。本文以上对《全本》的征引，也特别标出页码，或者尽量说明该文出自仇团队之手，或出自郭团队之手。这也说明，工程的 ^{14}C“首席科学家”和《全本》幕后的实际领导者没有足够的能力对《全本》^{14}C 部分进行统稿，甚至没有能力察觉《全本》^{14}C 部分的文稿存在多处严重自相矛盾的重大隐患。最根本的原因，就是工程 ^{14}C 研究的错误领导，导致工程内部对历史年代研究中如何使用 ^{14}C 测年技术出现了难以调和的对立。因此，《全本》^{14}C 部分郭团队留下的不同意见弥足珍贵，认真分析和对比《全本》自身互相矛盾的文字，可以对工程和《全本》的真实面目有更多的了解。

结论：《全本》是中国学术史上少见的欺世之作

以上论定，《全本》承袭了《简本》的主要关键错误，继续顽固使用错误的97沣西考古分期，继续顽固使用主观臆造的“克商年范围”，继续顽固坚持投机取巧的“研究途径”。

通读《全本》，并综合以上的讨论不难看出：不更改《简本》的关键错误，不采纳、不征引和不理会多年来国内外学术界对《简本》所犯错误的任何批

---

66 《全本》第498页。

评意见，是《全本》写作的两个基本点。而这两点，《全本》中列出姓名的几个执笔者绝无胆量为之，明显出于所谓“首席科学家”等上层领导者的授意。我们说过，2002 年，为了遮掩《简本》的错误，工程负责人李学勤用过若干不顾底线、不择手段的招数。二十多年后，在这样的负责人主导下编写的《全本》，让读者又一次看到了工程使用了类似的手法，并且这次是以白纸黑字的《全本》，向世人展示工程负责人在运作和推动夏商周断代工程时，是怎样不顾底线、不择手段地对待学术批评、掩饰自身的错误的。

这里引几条工程“首席科学家”们在《全本》“首发式”上的讲话，且看两位“首席科学家”面对公众是如何对待批评意见的：

> 争论永远都会存在，甚至会更加激烈，没有争论便没有进步，而夏商周断代工程便是伴随着争论，一步一步更向前迈进。
>
> 我们不能指望报告出来后所有问题都解决，我们把争论的问题都摆出来，让大家都去讨论，这是一个好事情。[67]

话说得多么漂亮！实际上，在《简本》发布之后的二十多年里，只要是面对媒体或在公开场合说到断代工程，“断代工程受到批评很正常”、“有争论是好事”等已经成了“首席科学家”们张口就来的套话。表示他们在学术研究上居于多高的境界，多么地欢迎和尊重批评意见。

请问“首席科学家”们：《全本》报告中有哪一条论述是参考海内外学者对《简本》提出的批评意见修改而成？《全本》何处提到过、引用过哪一位学者对断代工程研究的批评意见？《全本》哪里采纳过、提到过哪一位工程专家组成员对《简本》相关年代研究公开发表的不同意见？《全本》何处谈论过与断代工程研究相关的争论？又在报告何处“把争论的问题都摆出

[67] 详见《中国新闻网》2002 年 7 月 29 日：《〈夏商周断代工程报告〉新书在北京首发》。*https://www.chinanews.com.cn/cul/2022/07-29/9815676.shtml*

来”？既然在五百多页的《全本》报告看不到对工程研究的任何批评意见和相关争论，你们出口便说的“争论”又从何而来？白纸黑字的《全本》报告向世人明白显示：对所有不同意见置之不理，才是“首席科学家”们对待学术批评的真实态度。也只有这几位人士，才能为《全本》写作立下坚持《简本》关键错误、不理会任何批评意见的编写规范。

再说得更宽一点。在《简本》发布之后的二十年来，工程“首席科学家”们在何处、以哪篇文章公开、认真地回应过学术界对断代工程的批评？“首席科学家”们发表过什么学术文章，对哪一条指出《简本》错误的意见进行过认真解释、分析或反驳？又在哪个会议、通过哪篇文章公开讨论过、总结过批评断代工程的“争论”？的确，《简本》二十年来遭受到国内外的海量批评“很正常”，但断代工程的“首席科学家”们二十年来从未公开、具体回应任何对断代工程的学术批评，这“很正常”吗？作为总结断代工程研究的《全本》报告，完全不提及、不征引、不理会二十年来学术界对夏商周断代工程的任何学术批评，也“很正常”吗？

有必要再提一下 2002 年的芝加哥会议。这次会议算不算工程参加过的仅有的一次以“夏商周断代工程”为议题、由工程高层级专家参加的国际会议？工程负责人不仅不能利用这次国际会议双方通过辩论论达成的共识改进工程的年代研究，甚至不愿面对《中国文物报》有关工程专家在芝加哥会议上承认《简本》研究错误的报道。于是逼迫几位参加芝加哥会议的工程专家在《中国文物报》上造谣，歪曲芝加哥会议发生过的事实，公开否认了芝加哥会议。你们连自己在国际会议上的发言和表现都不认账，连国际会议讨论的内容和主要结论都敢篡改，何谈“把争论的问题都摆出来，让大家去讨论”呢？

还有必要再提一下工程专家组成员郭之虞教授等十人 2005 年在美国《放射性碳》杂志上发表的、结论为“武王克商最有可能发生在公元前 1060 年-公元前 1000 年”的文章。郭文不仅发布在世界顶级的放射性碳研究期刊上，郭文得出测年数据和年代结论的各项测年研究的准备、操作、方法和程序都相当专业和透明，郭文的署名者和署名单位更代表了大多数工程内部 ^{14}C 专家的意见。反观《简本》的“克商年范围”，不仅缺乏足够专业的文章加以论证，没有任何数据或公式可供查询、比较和分析，也没有经过任何 ^{14}C 实验室验证或签署。这两个“克商年范围”在科学性和学术研究水平上的落差十分明显。毋庸置疑：郭文的“克商年范围”远比漏洞百出且未经科学论证的《简本》的“克商年范围”可靠得多，当然可以用来代替《简本》的“克商年范围”。可惜，工程负责人不仅没有采纳多数工程内部 ^{14}C 专家签署的郭文的研究，反而抱残守缺，继续使用学术上完全经不起推敲的《简本》的“克商年范围”。工程的年代研究，就是这样“一步一步向前迈进”的吗？

还是回到白纸黑字的《全本》。虽然其中一些文字存在明显的矛盾，但这还只是不同执笔者之间观点不一造成的文字上的对立。《全本》执笔者无论观点如何，都不敢讨论、不敢引用哪怕一条批评工程的意见，可见讨论批评意见是所有执笔者编写《全本》不能跨越的红线。工程的“首席科学家”们，为什么如此害怕对《简本》错误的批评意见呢？答案很明显：他们没有能力反驳这些批评意见，没有能力改正断代工程年代研究的主要错误。更不敢公开承认自己犯下的、难以挽回的严重错误。于是他们只能沿用李学勤以非学术招数应对学术批评的手段，不讨论、不征引、不理会二十年来所有公开发表的对《简本》的批评意见，白纸黑字写下了一部将错就错、顽固坚持错误的《全本》。

各位读者：一部无视学术批评、不顾是非曲直、全面承袭旧本所有关键错误的研究报告，还有多少科学论证的成分？这样的作品论证得出的历史年代，还有几分可靠的科学依据？这样的报告推出的历史年表，还能有什么样的科学性？

再深一步，如果放任几位工程“首席科学家”恣意妄为，任凭《夏商周断代工程报告》这样的作品横行于世，历史、考古领域的学术批评还有什么意义？又何须展开任何学术研究去厘清历史事件的真相、搞清某种学说或研究方法的对错？迁就如此漠视学术批评的“研究报告”，学术研究的严肃、严谨从何谈起？更何谈公平、公正和公理？纵容这样的“研究报告”，历史、考古学科岂不成了摆设，学术研究岂不成了笑话？

因此，《夏商周断代工程报告》只能是一部欺世之作。历史上唯有位高权重、掌握话语权的人方敢罔顾真相、肆欲妄行。《全本》背后这几个负责人名重识暗，不仅无视学术批评，蔑视学术研究必须遵从的学术规范和起码道德，更明知故犯，知错不改，将错就错，凭借他们在界内不可一世的权势，强力推出如此一部学术史上少见的、盗用学术研究之名坚持错误的出版物。在中国学术史上为当代历史和考古研究留下了一个重重的污点。

更有甚者，几位工程“首席科学家”没有能力面对批评，更知道他们靠自己的“私货”编造的年代研究报告充满了漏洞，于是没有胆量文责自负。他们以“夏商周断代工程专家组”来署名《简本》和《全本》，推出他们编造出来的“克商年范围”、克商年和夏商周年表。在宣传《全本》时，甚至点名感谢曾被他们在专家会议上反复漠视甚至羞辱的知名历史、考古专家。给世人造成这些历史、考古学者对他们的年代结论有所贡献，或者至少同意工程研究结论的假象。把这些在学术界有真才实学的知名学者当作他们的护身符和挡箭牌，来蒙骗国内外学术界和史学爱好者。[68]

从规划“研究途径”和关键年代研究都犯下致命错误的《简本》，到知错不改、错上加错的《全本》，夏商周断代工程以失败告终，并且使中国当代的学术研究和学术风气遭到了灭顶的摧残。由此可以得到若干足以警示后学的教训：

[68] 在《全本》第 543 页被点名的“专家”中，至少邹衡、俞伟超两位先生曾多次遭到李学勤等人的漠视甚至不屑。用邹衡、俞伟超的名字当作《全本》的招牌，等于再次公开羞辱他们。曾与这两位先生深交的笔者对此难以忍受，不得不公布一封邹衡先生写给笔者的信（附件 2），并在本书讲出一些俞伟超先生对笔者诉说的、他们在工程会议上一幕幕不堪的经历。邹先生和俞先生在天有灵，不会允许这些人用他们的名字来招摇撞骗，欺瞒世人。

1. 除了诸如编纂《永乐大典》、《四库全书》这类大规模整理和保存历史资料的举措，动用“国家工程”的方式解决历史年代、古史溯源等存在争议的学术问题不是明智之举；
2. 启动专题研究解决有争议的史学学术问题，不能凭某位长官的灵机一动，只能靠界内认定的相关证据的积累，靠学术界公认的研究手段的突破，靠界内专家的深思熟虑或学术机构的缜密规划；
3. 百家争鸣是历史考古研究必须遵循的起码原则。由某个人挑选“专家组组长”、“首席科学家”和相关人员，以“工程”画圈子，排斥更多学者参与学术研究的方式，不是历史、考古领域对某个有争议的学术问题展开研究的正确方式；
4. 百花齐放、文责自负才是维护学术公正、维持研究透明度、保证学术研究质量的恰当方式。由“专家组组长”或“首席科学家”决定研究途径和研究结论，最后用专家组之类的名义集体签署和出版研究结果，这种以集体之名签署个人研究观点的方式，不是历史、考古领域推出某个学术难题解决方案或研究结论的正确方式。

学术界和学术史如果能够从《简本》和《全本》总结出更多经验教训，让后学认真汲取，在学术研究上避免犯下如此大规模和如此严重的错误，夏商周断代工程《简本》和《全本》这两个出版物的问世，对于后学也并非仅仅具有负面意义。

最后，根据目前所有可靠的证据，中国历史精确纪年仍然以始于《史记》所载的共和元年（公元前 841 年）为妥。

附　件

附件 1

西周年代研究之疑问[1]

——对夏商周断代工程方法论的批评

蒋祖棣

根据西汉司马迁所创立的历史年代序列，西周共和元年(公元前 841 年)是中国历史最早的确切纪年。两千多年来，司马迁建立的年表一直得到公认。不少学者做过各种努力，试图把中国历史的确切纪年再向前延伸至西周第一年，也就是武王克商之年。可是总括数以百计的研究结论，武王克商之年可能发生在公元前 1130 年到公元前 1018 年之间的四五十个不同的年份[2]。这些研究也表明，关于西周年代的研究，是学术界中一个十分经典议题。多年来一直为国内外学者所关注。

2000 年 10 月，夏商周断代工程[3]终于宣布，经过五年努力，工程“对商王武丁至帝辛(纣)诸王、西周武王至厉王各世，给出了年代”[4]。因此，中国历史

---

1 见《宿白先生八秩华诞纪念文集》，第 89-108 页。文物出版社，北京，2002 年 9 月。

2 以下两本文集基本上收集了中外学者对此议题的研究。北京师范大学国学所编：《武王克商之年研究》，北京师范大学出版社，北京，1997 年 9 月。朱凤瀚，张荣明编：《西周诸王午代研究》，贵州人民出版社，贵阳，1998 年 7 月。本文引书的版本均在首次出现时详细注明。

3 1996 年组建，旨在用五年时间重建夏商周年代学的工程。以下称为工程。工程目前所发表的成果，即夏商周断代工程专家组：《夏商周断代工程 1996-2000 年阶段成果报告(简本)》，世界图书出版公司，北京，2000 年 10 月。以下称为《简本》。

4 见《简本》出版说明，第 2 页。武丁在位的年代被断为公元前 1250-前 1192 年。《简本》，第 88 页。

最早确切纪年被提前至商代晚期，整个西周年代学也就得到了重建[5]。这一成果，是工程的最主要的成就[6]。由于西周年代研究早已是学术界的热点，工程的有关结论，必然会引起学术界的讨论或批评。本文则根据已经发表的材料，对工程关于西周年代研究的方法和结论做初步的考察和评议。

关于工程所用的方法，工程的主要专家已经多次说明是“多学科研究”。根据《简本》，有关西周年代的多学科研究，可以归为以下五个类别：

1．古代文献
2．古代天文
3．纪日金文和金文历谱
4．碳十四测年
5．商—周考古界标

纵观这些领域，无论纪日资料或测量手段，在最近十年并没有突破性的重要进展。而在传统的年代研究的领域，无论文献研究或金文研究，在所有主要学术问题上一直是诸家林立，观点上存在相当大的对立和冲突。因此，简单地综合以上各领域的研究成果，尚不足以建立完整的西周年代序列。工程势必有其方法对其所称各学科之内和诸学科之间进行整合，才能达到重建西周年代学的目的。按这些领域对工程年代学的研究法加以考察和总结，可以帮助我们从整体上对工程及其成果形成总的认识。

5 《简本》断西周始于公元前 1046 年，西周诸王的在位年数也均已断明列出。《简本》，第 88 页。

6 工程获 2000 年中国十大科技进步奖（笔者 2023 年 8 月补注：此处原文所引《中国日报》2001 年 11 月文章的链接已被该报网站删除。）

一.　古代文献

> 太史公曰：五帝、三代之记，尚矣。自殷以前诸侯不可得而谱，周以来乃颇可著。孔子因史文次《春秋》，纪元年，正时日月，盖其详哉。至于序《尚书》则略，无年月；或颇有，然多阙，不可录。故疑则传疑，盖其慎也。[7]

这段文字是司马迁建立年代序列的总体情况。由此我们知道，对于孔子和司马迁，文献的缺失已经使年代研究无法达到精确完整的程度。司马迁称赞孔子“疑则传疑”，对于年代研究持审慎态度，这也应该是史家治史应有的基本风范。

在司马迁之后，出现了两项对历史文献和年代研究富有影响的发展。

其一，西汉末年，出现了若干与司马迁所依文献不同的古文文献。当时除刘歆竭力推行之外，古文文献并未被当时的史家视为信史。但到东汉，古文得到服虔、郑玄、马融等名儒的扶持。及至魏晋，王肃、杜预等再举古文，以致古文终于成为正统。直到清儒阎若璩以《尚书古文疏证》[8]证明《古文尚书》出于魏晋，疑经真伪之风渐开。晚清康有为在《新学伪经考》[9]中更进一步辨明，所有晚于司马迁之汉代古文文献均为刘歆所编造。近世考据的深入，使文献的辨伪和整理，成为近现代史家治史的基本出发点。

其二，西晋时期在河南汲县发现的魏国墓穴中，出土了《竹书纪年》十三卷。记载了从夏代到魏安釐王二十年的重要史事。从西晋到宋代许多著作都援引此书。但这部对夏商周年代研究极为重要的《竹书纪年》竟在宋代佚失。及

---

[7] 《史记・三代世表》，中华书局，北京，1959 年 9 月，第 487 页。

[8] 阎若璩：《尚书古文疏证》，见王先谦：《皇清经解续编》，光绪十四年(1888)。上海书店影印本，上海。1988 年。第一册，卷二十八到三十六，第 113-226 页。

[9] 康有为：《新学伪经考》，光绪辛卯年(1891)武林望云楼石印本。

至明代，出现今本《竹书纪年》二卷。清代以后，学者多以为今本《竹书纪年》为伪，于是出现若干对古本《竹书纪年》的辑佚、补正书籍，其中以王国维《古本竹书纪年辑校》最为详实[10]。

这两项发展，实际上代表了司马迁之后两千年间文献变迁的主线。如果对孔子、司马迁的年代研究，最主要的困难是文献记载的缺失，那么对今日的年代研究，文献的真伪问题就显得更为突出和更加重要了。所幸的是，近世学术对文献的辨伪和考据做得相当深入。对文献的疏理，似乎无须从头开始。另一方面，虽然《竹书纪年》的得而复失确实遗憾，但《竹书纪年》发现的本身，又给年代研究带来莫大的希望。西周纪年问题的真正解决，或许就在这类文献出土的时候。

然而到目前为止，新的、较完整的纪年文献尚未出土。工程的研究还要以旧有的文献为基础。那么，文献的真伪问题是否依然存在？又如何对其加以取舍？对古文和今文文献是否应与甄别？怎样看待今本《竹书纪年》？文献中有关纪日的资料是否彼此间存在真伪、可靠程度的区别？对这类关于文献资料的基本问题，工程并未明确回答。对文献的甄别，或对近世文献研究成果的整理，工程虽立专题，尚无结果。对文献的取舍、纪日资料的选用，并没有建立经过研究的统一规范。因此，工程对文献及其纪日资料还谈不上有系统的把握。更无从谈及根据文献资料建立新的年代序列。在缺少统一规范和系统整合，文献资料互相冲突的情况下，文献很难作为一个学科对工程做出支持。文献只能被视为工程挑选证据的场所,尽管可能有更多的资料与被选中的证据相矛盾。

自宋代以来，文献的可靠性逐渐成为问题。随着一些伪书被揭穿，文献的整理和考据逐渐成为史学研究的前提，也逐渐成为评估史家治学的重要标准。这里所表达的对文献整理的关注绝非挑剔。由于工程之浩大，经手研究的人员之多，涉及文献之繁杂，要求工程对文献加以甄别，对文献的使用设定尺度当不过分。整理国故，实属不易。个人难有所作为。工程所集精英甚众，稍事努

[10] 关于清代学者对《竹书纪年》研究的总结，请见梁启超：《中国近三百年学术史》，《梁启超论清学史二种》，复旦大学出版社，上海，1985 年 9 月。第 336-337 页。

力，或可改革考据之浅陋，正学界之视听，传硕果于后世。因此，工程对文献之努力，实为众生所关注。

二. 古代天文

对于年代研究而言，古代天文研究的好处是明了的。不过，古代天文研究本身却是一个以历史和考古为基础的综合研究的学科。

在西周年代研究上，古代天文研究有两项引人关注的进展。第一，根据《竹书纪年》的记载，基本上确定了懿王元年相当于公元前 899 年[11]。虽然这一成果无助于解决诸如武王克商之年这样的问题，它至少可以对讨论诸如厉王在位之年等悬案提供一些线索。第二，张培瑜先生根据现代天文学计算编制建立了《中国先秦史历表》。据此可以科学地复原古代日月合朔的日期，以及月相的情况[12]。这一成果可以为古代天文研究提供科学的，或者真实的天文情况作为参考。这对于研究远古时代主要依赖观测的天文活动尤为有益。

可是夏代以后，已经发展出规范清楚、较为先进的历法制度。比如三正（夏正、殷正、周正）就可以为例。虽然一些具体细节尚待研究，这几种历法在建制上的区别是无争的[13]。这些历法的存在以及它们在规范上的不同，使研究这些历法本身，比运用科学的天文历表直接解释纪日史料就更加重要了。因为我们所见的所有古代纪日资料，无疑都是在当时某些历法制度的规范下，而不是在今日科学的天文历表的规范下形成的。

11 其史料根据是《太平御览》：“汲冢纪年书曰：懿王元年，天再旦于郑.”（宋）李昉 等《太平御览》卷二，中华书局，北京. 1960 年 2 月影印本，第 9 页。最早的具体研究可见（韩国）方善柱：《西周年代学上的几个问题》，《大陆杂志》第五十一卷第一期，大陆杂志社，台北，1975 年 7 月，第 15-23 页。对于此项研究，学术界尚存不同意见。笔者在此且从《简本》说。

12 张培瑜：《中国先秦史历表》齐鲁书社，济南，1987 年。

13 司马迁：“夏正以正月，殷正以十二月，周正以十一月。”《史记·历书》，第 1258 页。中华书局，北京，1959 年 9 月。

在周代天文研究方面，清代学者做了大量的工作。顾炎武在《日知录》中提出"古人三正并用"的观点[14]。阎若璩的《尚书古文疏证》也对众多周代纪日史料的历法背景（夏正或周正）进行过细致的讨论[15]。在《春秋大事表》中，顾栋高对周代历法进行了非常深入的研究。他把《毛诗》、《尚书》、《周书》、《周礼》等文献中的纪日资料逐一加以考察，指出一部分纪日资料本于夏正，另一部分则本于周正。在这项研究中，顾栋高还赞同其他学者关于晋用夏正的观点[16]。前人的这些研究对今日的相关研究提出了一个重要的启示：纪日史料的历法背景是进行周代天文和年代研究的基础。因为对一条纪日史料以夏正或周正加以解说，便要造成两个月（不跨年）或一年（跨年）的区别。这个区别对于根据史料或金文排订周代历谱至关重要。这一点在下一节还会谈到。

不同的历法不仅会造成年或月计数上的差别，还可能造成记载的月相与真实的月相的不同。虽然"三正"的使用情况还待研究，班固对西汉历法使用的情况却讲得非常清楚：

> 汉兴，方纲纪大基，庶事草创，袭秦正朔。以北平侯张苍言，用颛顼历，比于六历，疏阔中最为微近。然正朔服色，未睹其真，而朔晦月见，弦望满亏，多非是。至武帝元封七年，汉兴百二岁矣。大中大夫公孙卿、壶遂、太史令司马迁等言"历纪坏废，宜改正朔"[17]。

---

14 顾炎武：《日知录》，卷五，第 2 页，正月之吉条。又"杞用夏正，宋用殷正，若朝觐会同则用周正"。同见《日知录》，卷四，第 4 页，三正条。《日知录集释》，广州述古堂重刊本，同治八年(1869 年)。实际上，许多学者论定了"三正并用"或"三正通于民俗"。比如明代赵汸的《周正考》；清顾栋高的《春秋大事表》；清阎若璩的《尚书古文疏证》；清秦蕙田的《观象授时》。请详见阮元：《皇清经解》道光九年(1829)，上海书店影印本，1988 年。或王先谦：《皇清经解续编》。

15 阎若璩：《尚书古文疏证》卷六上。《皇清经解续编》，第一册，卷三十三，第 166-180 页。

16 顾栋高：《春秋大事表（一·时令）》，《皇清经解续编》第一册，卷六十七，第 391-399 页。关于"晋用夏正"，也可见顾炎武：《日知录》，卷四，第 4-6 页，三正条。

17 《汉书·律历志》，中华书局，1962 年 6 月，第 974-975 页。

由此可知，根据西汉历法记下的朔晦弦望等月相“多非是”，那么周代的有关月相的记载又会如何？是否文字记载的月相和真实的月相之间也存在一定差别？考虑到“三正”的使用比汉历更为久远，周代文字记载的月相和真实的月相之间的差别是否可能更大？

有关古代历法的这些考虑，还引出对古代天文研究的一个更基本的问题：古代天文研究应该以“科学”为目的，还是以“历史”为目的？如果以“科学”为目的，张培瑜先生的成果可以成为定论。可是周代历法的实际情况依然不清楚。如果以“历史”为目的，就应该对周代畴人（准确地说应该是周代不同集团的畴人）的纪日规则加以研究。如果对当时的纪日规则没有全面和深入的了解，用“科学”的历表代替周代畴人的规则，或用一种规则去概括当时并行的不同规则，就会曲解周代天文和纪日行为的实际情况，并且增添在周代纪日资料认识上的混乱[18]。因此，对周代的天文研究，以“历史”为目的显得更为重要。在这方面，古代天文研究任重道远。

实际上，中国的古代天文研究有相当深厚的基础[19]。对于西周年代研究来说，借鉴前人的研究，搞清楚周代相同或不同集团的纪日规则，对于正确解读周人纪日文字至关重要。由于工程的天文研究对此尚无确定答案，这些“历史”问题， 亟待来日之古代天文研究加以解决。

---

18 类似的问题也见于西方的古代天文研究。美国天文史家阿文尼在谈到玛雅古天文研究时说：“我们这些受现代科学教育的人应该慎重，不要把我们(对古天文)的见解过于现代化了。我们不能指望玛雅人总是从事那些我们所知的天文活动。谁都知道，对史前生活少有了解的天文学家对玛雅历法的见解总是和人类学研究中积累的事实相矛盾”。见 Anthony F. Aveni: *Skywatchers*, University of Texas Press, Austin, 2001. p. 4.

19 近世对于中国古天文研究有贡献者，清代阮元在其《畴人传》中有简要介绍。请见阮元：《畴人传》，《皇清经解》，第六册，卷一零五九到卷一零六七，第 218-245 页。

三. 纪日金文和金文历谱

铜器对周代上层集团的重要无须赘言。以金文铭刻重要事件，对周代上层更是一项十分严肃的活动。由于很多铭文包含纪日内容，又由于纪日铜器在考古发掘或文物征集中时有所获，整个西周的年代序列，最有希望从纪日金文资料的积累和研究中逐步建立起来。

目前，有大约 60 件纪日铜器经常为金文专家们所讨论。其中多数包含年、月、月相和日这四项纪日单位。根据来源，确知这些铜器的产地已大大超出宗周本身。金文纪日资料的详细，丰富和多元，以及金文本身的可靠，都是其他纪日文献材料难以比拟的。

可是，在纪日金文的研究中，学者们对许多关键的铜器资料的年代都有不同认识。究其原因，最突出的问题就是诸家对讨论年代的基本尺度有不同甚至对立的理解。

首先，王年。究竟新王的第一年和旧王最后一年是同一年（即所谓立年称元）？还是第二年(即所谓踰年称元)？或是像倪德卫先生所指的双元制(两个元年，第一个元年是踰年称元，第二个元年则始于新王完成服丧期）[20]？《简本》笼统地说“西周改元的方法有两种：踰年改元……当年改元”[21]。可是如果对此没有一个明确的定义，就无法精确地讨论西周每个王在位的起止年份，西周诸王年数的累计则可能有十年以上的误差。如果引入倪德卫先生的双元制，诸王起止年份的算法还要复杂。

第二，月份。上面曾讨论过，月份的记载会因历法的不同而不同。因此纪日资料属于什么历法系统对真实月份的解读和金文历谱的排订至关重要。工程

---

[20] 倪德卫先生（David Nivision)最初于 1980 年在纽约大都会博物馆举办的“The Great Bronze Age of China”讨论会上提出“双元制”。详见倪德卫：《西周之年历》,《武王克商之年研究》,第 431-444 页。

[21] 《简本》，第 19 页。

报告在西周历法的定义上并不明确[22]，这显然是出于纪日金文中若干记载在月份上难以安排的顾虑。实际上，试图用一种历法来规范所有纪日金文可能是造成这类困难的原因之一。前面引到明清学者关于周代若干历法并用的研究结论，工程专家的一些研究似乎也支持不同历法并用的观点[23]。由于青铜器在来源上多元化，纪日金文所代表的地域性十分明显，纪日金文背后的历法制度更有可能不一致。虽然一些研究已经对纪日金文的历法背景进行了个别讨论[24]，但更需要的，是对纪日金文历法背景进行逐一的和通盘的整理。这方面，顾栋高两百多年前对纪日文献的整理值得借鉴。

第三，月相。学者们对月相的定义争执最为激烈。不少学者采用王国维的四分月相说（初吉，既生霸，既望，既死霸）[25]。另一些学者如王引之则认为初吉不是月相，而是吉日[26]。董作宾则彻底否认王国维的四分月相，主张初吉，既生霸等不代表月亮运行周期中的若干天，而是其中的某一天[27]。董氏后来进一步说明，金文中的既生霸和初吉都是指新月。既生霸多用于西周早期，初吉则多用于西周中、晚期[28]。黄盛璋认为初吉是初干吉日，这与王引之的看法有接近之处[29]。工程学术负责人李学勤先生原来主张初吉是月相，又转而认为初吉应该不

22 工程专家似乎倾向西周使用周正。“西周历法的岁首多为建子、建丑”见《简本》，第 19 页。而清儒或不以为然。“考之往古，《诗》、《书》皆用夏正。其以建子月为正者，实始于东迁后时王之制，非文武之制也。”请见陈厚耀：《春秋长历》卷七，见《皇清经解续编》，第一册，卷五十三，第 322 页。

23 李学勤：“周代虽通行周正，但夏正仍相辅并存”。见《由蔡侯墓青铜器看“初吉”和“吉日”》，《夏商周年代学札记》，辽宁大学出版社，沈阳，1999 年 10 月，第 102 页。

24 李学勤先生曾建议：既吉可能是周正的术语。见李学勤：《月吉，初吉，既吉》，《文史》，第 46 辑，中华书局编辑部，北京，1998 年 12 月。第 13-18 页。

25 王国维：《生霸死霸考》，《观堂集林》卷一，中华书局，北京，1959 年 6 月影印本。第 19-26 页。

26 王引之：《经义述闻》，见《皇清经解》第七册，卷一二零七中，第 1073 页。

27 董作宾：《西周年历谱》，《历史语言研究所集刊》第二十三本下，国立中央研究院历史语言研究所，台北，1952 年。第 681-760 页。

28 董作宾：《周金文中生霸死霸考》，《故校长斯年先生纪念论文集》，国立台湾大学，台北，1953 年。第 139-152 页。

29 黄盛璋：《释初吉》，《历史研究》，科学出版社，北京。1958 年第 4 期，第 71-86 页。

是月相[30]。这里列举的，只是众多冲突中的一部分。学者们在对月相的认识上，短时期内似乎无法形成共识。

第四，日期。金文中日期的名称都是干支，于是日期的名称似乎没有什么争议。不过，为什么若干纪日金文的日期总是无法与年月相合呢？黄盛璋、庞朴等先生曾建议，金文中的“丁亥”应是吉日，而不是真实的日期[31]。笔者认为颇有道理。请看，《简本》所列的 66 件纪日铜器中，就有 14 件的日期是丁亥，出现率为 21%。如果丁亥只是一个普通的日期名称，它的出现率应是 1/60 或者 1.67%。何况《简本》所称三件日期不合的纪日铭文，就有两件是以丁亥为日，其误率竟然高达 66.7%[32]。这说明在纪日金文的研究中，应该对丁亥做特殊的解释和处理。如果丁亥可以例外，其他名称（如甲戌）是否也有同样可能呢？或者把这问题反过来问：有哪些日期名称绝不能铸入铜器，而一定要用这些吉日取而代之呢？

这四个基本的纪日单位：王年、月份、月相和日期是纪日金文研究的基础。《简本》明确表示，由于对这些基本“细节”没有把握，工程在纪日金文研究上最主要的努力——金文历谱“只能是一个西周王年表”[33]。的确，如果对测量时间的基本单位都不清楚，直接讨论某一纪日金文的具体年代就只能是猜测了。把这些猜测加总建立的周代年代学，其结果就更可能失准了。

纪日铭文研究最有可能对西周年代学产生突破，因此多年来都是诸家必争

---

[30] 李学勤：“初吉和其它月相应有同样的作用”《晋候苏编钟历日的分析》，《夏商周年代学札记》，第 160 页。“初吉和月相不是同一系统”，见《西周晚期金文历日的归纳》，《夏商周年代学札记》，第 229 页。

[31] 黄盛璋：“铸器多选正月初吉丁亥，其日未必实有。”见《释初吉》，第 80 页。庞朴：《“五月丙午”与“正月丁亥”》，《文物》1979 年第六期。文物出版社，北京。第 81-84 页。

[32] 黄盛璋先生曾对铸器日期做过统计。在他所统计的有干支日名的 77 件铜器中，“丁亥”竟有 40 件之多，（见黄盛璋《释初吉》，第 81 页）比率为 57%以上。工程的研究和立论很多建立在或然率的数据之上。用同样方法，笔者引的这几个数据应当证明工程对日期名称不加区别是有问题的。

[33] 《简本》：“由于对西周历法的若干细节目前尚有未能掌握之处，金文历谱只能是一个西周王年表。”第 29 页。

的领域，关键问题上的对立相当明显。工程的研究，似乎没有促成对任何悬而未决的问题达成统一。其金文历谱，又只是一个西周王年表。在纪日金文研究上，基本纪日尺度尚待澄清，准确可靠的金文历谱和完整的西周年代序列的建立就更非只日可待了。

四. 碳十四测年

对于多数常年从事中国上古史或年代研究的学者,“现代科技”是不容动摇、毋庸质疑的。事实上，自从 1949 年利比 (Willard F. Libby) 根据放射性碳的半衰期 (^{14}C, $t_{1/2}$=5730 a) 论证了放射性碳的测年理论之后，^{14}C 测年数据的精度、可靠性以及 ^{14}C 年代和真实日历年代的差别，一直为物理学家们所担忧。这个领域中后来的许多发明，都是为了解决这些问题。比如，根据树轮学的树轮年代资料建立了 ^{14}C 测年数据的校正曲线；用加速器质谱法 (AMS) 减少测量标本的重量，从而降低标本污染对测年数据的影响；等等。但是，由于 ^{14}C 测年技术所限，标准的 ^{14}C 数据并非绝对的日历年代，而是由置信度所决定的置信区间。^{14}C 数据的置信度通常为 68 %，提高置信度，置信区间即日历年代范围也会相应地增大。

工程 ^{14}C 测年研究对西周年代研究最引人注目的贡献，就是用考古 ^{14}C 数据“拟合”得出“克商年范围为公元前 1050-前 1020 年”[34]的结论。由于这一数据是工程对前人有关武王克商之年的记载或研究进行筛选的标准，这一数据本身是否可以成立，显然是工程有关西周年代研究是否能够成立的关键。到目前为止，工程尚没有公布“拟合”的具体过程。不过，《简本》明言“拟合”的依据是牛津大学考古实验室（ORAU）的 OxCal 程序：

> 本简报中所有给出的样品拟合后的日历年代，均是用 OxCal 程序

---

34 《简本》，第 44 页。

和1998年树轮校正曲线计算的68%置信区间的日历年代范围[35]。

程序	置信度（1σ，68%）		置信度（2σ，95%）	
	置信区间(BC)	年代范围	置信区间(BC)	年代范围
“拟合”[36]	1130-1080	50年	?	?
OxCal3.5[37]	1140-1010	130年	1210-950	260年
CalPal	1146-1016	130年	1219-956	263年
Cal2.5	1125-1015	110年	1211-943	268年
Calib4.3	1187-1004	183年	1211-941	270年

表一：沣西T1H18木碳样品ZK5725（2893±34）的“拟合”和验算

为核实《简本》的“拟合”数据，笔者向牛津大学ORAU索得版本为3.5的OxCal程序（2000年7月19日发布），对《简本》表十、表十一公布的与沣西商—周界标相关的数据进行了验算。对同一数据，笔者算出的置信区间远远大于《简本》公布的“拟合”结果。为此，笔者又注册获得国际通行的几个主要校正计算程序，对《简本》数据加以复算[38]。其置信区间仍与工程“拟合”结果相去甚远。以下便举《简本》表十样品ZK5725为例，对工程的“拟合”、笔者的验算和复算略加说明。该样品^{14}C测年数据为2893±34。笔者的所有校正验算和复算程序均用1998年树轮校正曲线计算，并使用各程序的标准设定。

35 《简本》，第8页。

36 工程使用的OxCal似应是较旧的版本。如果测试时间早于1999年9月，使用的可能是98年1月20日公布的OxCal 3.0非正式版，或95年9月11日公布的2.18版。

37 这里使用的是OxCal程序的常规计算，也就是单一标本计算结果。关于OxCal程序的组合运算，请见本节的讨论。

38 这些程序是：丹麦格罗宁根大学同位素研究中心(Center for Isotope Research, Groningen University)的CAL25（1998年12月）. 美国华盛顿大学第四纪同位素实验室(The UW Quaternary Isotope Laboratory）的CALIB 4.3（2000年11月）。德国科隆大学Universität zu Köln史前考古学院放射性碳实验室的CalPal（2001年6月修改版）。

表一表明，和通行的 ^{14}C 校正计算方法相比，工程人员果然对 ^{14}C 数据的置信区间即日历年代范围进行了相当大的压缩。从已经发表的对曲村晋侯墓地 ^{14}C 数据的“拟合”演算[39]，我们看到，工程有关人员的所谓“拟合”，就是把“分期”(Phase)、“上下限”(Boundary) 等“考古信息”代入 OxCal 程序进行系列样品计算。这说明工程的“拟合”，已经在实际上超出了国际通行的、树轮年代校正的方法。既然把考古信息化为数量计算，这样的一些问题就需要有关人员加以解释：在进行“拟合”计算时，怎样估计和设定考古信息的可靠性？如果考古学家之间对“考古信息”有不同的观点，又当如何处理“拟合”计算中的考古信息？由于考古学家时常修正对已知考古信息的认识，已经公布的“拟合”数据，是否还可能因考古信息的更动而“浮动”？

《简本》表十、表十一列出的沣西的 ^{14}C 数据，是工程有关“商—周考古界标”的代表。工程有关人员使用沣西考古信息算出的“拟合年代”，又是工程得到“克商年范围为公元前 1050-前 1020 年”结论的基础。因此，公布表十、表十一数据的具体“拟合”过程，即逐项公布系列样品计算的变量设置文件（OxCal 14i 文件），是工程取信于学人的当务之急。至于与表十、表十一相关的“考古信息”本身是否可靠，请看笔者下一节的讨论。

表一还表明，OxCal 的常规算法和其他主要 ^{14}C 校正程序所得数据相近，而与“拟合”结果相悖。由于 OxCal 的常规算法和其他程序皆有根据真实树轮年代所建立的校正曲线为佐证，而 OxCal 的系列样品算法则以产生于十八世纪的

39 Lu Xiangyang, Guo Zhiyu, Ma Hongji, Yuan Sixun, Wu Xiaohong: *Data Analysis and Calibration of Radiocarbon Dating Results from the Cemetery of the Marquises of Jin*. Radiocarbon. Department of Geosciences. The University of Arizona. Tucson. Vol. 43, 2001. pp. 55-62.，对于该文的问题，笔者或可另文讨论。不过，比起《简本》使用只有 68%置信区间的“拟合”数据来讨论西周王年，该文使用 95%置信区间的年代数据来讨论《史记》就应该算是一个进步。

贝叶斯数理统计模式(Bayes’ s Therorem)[40]为依据，其计算所压缩的日历年代迄今在世界范围内未经任何真实年代资料或测年标准所验证，因此工程的“拟合”虽有 OxCal 的系列样品算法为凭借，这个算法也并不代表获得公认的、可靠的树轮校正方法。

实际上，工程有关人员应当知道，和表一所列各主要校正计算程序相比，唯有工程选用的 OxCal 程序在 ^{14}C 测年领域倍受争议，其系列样品算法尤其遭到有关专家的批评。有兴趣的读者，不妨读一读不久前在美国《放射性碳》杂志上维也纳大学原子物理和同位素研究所的 ^{14}C 专家对 OxCal 程序系列样品算法的大篇幅验算和批评，以及 OxCal 程序作者的辩解[41]。我们先看批评者的意见：

> 这一算法把成为系列的若干样品的年代，放到 ^{14}C 置信区间所允许的同一范围，从而得到较小的置信区间。这样的结果不能作为样品的真实年代。所减小的置信区间，则是这个算法的一种人为加工。总之，这个算法虽然减小了置信区间，也降低了准确性！我们所论证的这些问题存在于校正曲线的任何区间。人为加工在仅两个样品的计算中已经存在，在大系列的样品计算中尤其明显[42]。

笔者注意到：该文的验算和批评，完全本于数学的算法和模拟运算。批评

40 英国牧师 Thomas Bayes（1702-1761）所发明的概率判断理论。由于其先验概率（Prior Probability）无从确知并且无法验证，因此该理论在实际运用上有相当的困难。据此理论所判断的或然率也并非可靠。这在数学领域中早有专家指明。具体研究可参见美国麻省理工学院 1992 年出版的文集：《贝叶斯或可休矣？对贝叶斯确认理论的批判》，John Earman: *Bayes or Bust? A Critical Examination of Bayesian Confirmation Theory*. Massachusetts Institute of Technology, Cambridge, 1992.

41 Peter Steier and Werner Rom, *The Bayesian Statistics For ^{14}C Dates of Chronologically Ordered Samples: A Critical Analysis.* Radiocarbon, Vol. 42, 2000. pp. 183-198. Christopher Bronk Ramsey, *Comment on “The Bayesian Statistics For ^{14}C Dates of Chronologically Ordered Samples: A Critical Analysis”.* Radiocarbon. Vol. 42, 2000. pp. 199-202.

42 See Peter Steier and Werner Rom, p.197.

者所有的验算都基于考古信息正确无误这一假设。如果再考虑常见的、考古信息的人为失误，OxCal 程序的系列样品算法就会更加失准。

在笔者看来，OxCal 程序作者的辩解是挖肉补疮。他辩解的大意是说，OxCal 程序的系列样品算法在近年得到了改进，对系列样品计算所需的考古信息有了更严格的限定。比如程序不仅要求考古学者提供考古分期和先后顺序，还要求将各期断开，也就是提供每期的上限和下限（boundary）。对于 ^{14}C 测年领域的听众，这种辩解似乎颇具说服力，可是考古学者都知道，令考古分期的各期断开而不能交错，给出每一期的上、下限，这种要求非常不切实际。勉强为之，自然会造成考古方法的混乱。这一点，笔者在下一节会详细证明。

要之，工程的“拟合”计算，毫无例外地使用了在 ^{14}C 技术领域中颇具争议的、未经实际测年验证的算法。计算的结果，又并非仅做年代研究的参考，而被当作衡量是非的标准，据此直接对历史文献的有关记载和以往相关研究的结论进行剔除。对于一个有组织的学术研究，工程创造和使用这种方法似乎过于冒进而失之慎重，对前人的研究也不够尊重。

对误差校正程序的选用应当实事求是。一般认为，美国华盛顿大学 Minze Stuiver、Paula Reimer 等推出的 Calib 程序是考古学的标准[43]。Stuiver 等所创建的 1998 年树轮校正曲线，即 INTCAL98，也是所有这些程序的校正基准[44]。表一表明，由于算法和变量的设定各异，各误差校正程序对同一 ^{14}C 数据的校正结果也不完全一致。在全球各区域的考古实践中，^{14}C 专家总要根据考古环境的实际情况选择或修正校正算法。譬如，Stuiver 等推出的 GCM (Global Carbon Model)模式，其海底 ^{14}C 数据校正的部分比较接近新西兰考古环境的实际情况，

43 Michael J. O'Brien and R. Lee Lyman, *Seriation, Stratigraphy, and Index Fossils, The Backbone of Archaeological Dating*. Kluwer Academic / Plenum Publishers, New York, 1999. p.17. 关于 Calib 程序，请见 Minze Stuiver and Paula J. Reimer, *Extender ^{14}C Data Base and Revised CALIB 3.0 ^{14}C Age Calibration Program*, Radiocarbon, Vol.35, No. 1, 1993, pp.215-230.

44 Minze Stuiver, Paula J. Reimer, Edouard Bard, J. Warren Beck, G.S. Burr, Konrad A. Hughen, Bernd Kromer, Gerry McCormac, Johannes van der Plicht and Marco Spurk: *INTCAL98 Radiocarbon Age Calibration, 24,000-0 cal BP*. Radiocarbon, Vol. 40, No. 3, 1998, pp.1041-1084.

从而成为近年新西兰 ^{14}C 数据校正的主要算法[45]。包含这一模式的 Calib 程序就应当比其它校正程序更适合那里的情况。这说明，仅根据计算返回值的大小来挑选程序，显然不如选择适合中国考古环境的、可靠的树轮校正程序更重要。在这点上，工程 ^{14}C 专家负有不可推卸的责任。

我们再来讨论测年的精度。《简本》要求，“^{14}C 年代数据的精度，要达到±20年左右。”[46]在《简本》另一处，说到工程 AMS 法“测量精度达到或优于 0.5%（相当于±40年）的水平”[47]。一般地说，目前国际通行的精度标准似乎是后者(0.5%)。主观上要求达到某种更高的精度似乎只是一厢情愿。过分强调精度，还可能影响 ^{14}C 专家对于测年数据可靠性的正常判断。

同样是对 ^{14}C 的精度，国内其他实验室的同行却持有明显不同的见解。地质矿产部的专家用 ^{14}C 测年建立了全新世的年代标尺。最近几年在对全新统（0-10000 年）的年代研究中，他们分析了若干距今两千年到四千年的 ^{14}C 数据。这是他们对 ^{14}C 精度的评论：

> ^{14}C 测年资料使用上亦见许多问题。作为一项技术方法，仪器误差、人为操作中的偏差都可能发生，更不待说老碳或新碳的污染。[48]

《简本》多处使用“拟合”数据直接讨论西周具体王年也十分不妥[49]。起码应当标明所用的数据只具有 68%的置信区间，或者把日历年代的置信区间从 68％提高到可以忽略误差的程度（概率论一般主张在出现机率在3%以内可以忽略不计），再用其讨论西周王年。问题是一个具有 68％置信区间的 ^{14}C 年代数据，最终的不确定性或称日历年代的总的范围究竟有多大呢?不久前在《欧洲物理》杂

---

45 Matthew Schmidt, *Radiocarbon Dating New Zealand Prehistory Using Marine Shell,* Bar 842, Oxford, England, 2000.

46 《简本》，第 95 页。

47 《简本》，第 7 页。

48 王强、田国强：《第四纪年代地层学研究的启示》，《第三界全国地层会议论文集》，地质出版社，北京，2000 年 5 月。第 368 页。

49 比如《简本》表九，“西周金文历谱王年与考古 ^{14}C 测年的参照”。第 36-37 页。

志上，瑞士联邦理工学院（ETH）离子束实验室主任 Martin Suter 讨论了这个问题。Suter 详细分析了意大利蒂罗尔冰人“Oetzi”的一个为 4546±17 的 ^{14}C 年代数据，认为这个数据“总体的不确定性在二百五十年左右”[50]。表一对沣西样品 ZK5725 的验算也表明，每个数据由 68％的置信区间提高到 95％，年代范围也相应地增大到二百五十年以上。这两个例子说明，一般 ^{14}C 数据的置信区间和真正的历史年代之间还有相当的差别。简单地用具有 68%置信区间的数据直接讨论西周王年，更是把 ^{14}C 测年的不确定性转移到了西周王年的讨论之中。工程依照这样的数据在西周年代研究中立论和排除众议，在方法论上又是一个明显的漏洞。

实际上，在西周王年的讨论中使用 ^{14}C 测年不见得是个值得鼓励的创造。因为多年来根据文字资料对西周王年形成的认识，远非 ^{14}C 测年所能改变。其争论问题，远非 ^{14}C 测年所能解决。可以试举文章开头提到的武王克商之年的研究为例，这些是四、五十种不同意见当中的几个：公元前 1040, 1041, 1044, 1045, 1046, 1049 和 1050[51]——就算加上“拟合”，^{14}C 测年是否可以决定哪一个意见是正确的，其它的都是错误的呢？辩解者或许会说，用克商年的“拟合”数据至少可以从中排除一些研究。那么换到研究者或者读者，即便抛开“拟合”的可靠性不谈，又有多少人情愿接受这只有 68％置信区间的排除法呢？[52]

总之，工程的 ^{14}C 测年从校正程序的选择、校正计算到数据的运用尚存相当多的问题。其“拟合”的问题尤其明显。在运用这些数据之前，这些疑问都有待澄清。这个学科对西周年代研究所做的贡献，也要待这些疑问消除后才能予以估计。

---

50 请见 Martin Suter, *Particle accelerators for radiocarbon dating in archaeology*, Europhysics News (2000) Vol. 31, No.6.

51 关于每一种主张，请详见《武王克商之年研究》。

52 笔者本节的讨论并非对 ^{14}C 测年技术的不敬。而是主张在方法的使用上要实事求是。在夏、商或更早的年代研究中，^{14}C 测年技术的重要才能充分显现出来。

五. 商—周考古界标

如果每一学科内部在主要问题上无法达成共识，在材料、概念、方法上尚存众多争执、疑问或漏洞，就很难把从各学科中挑选出的研究称为“多学科研究”。或许只能称为从多学科中选择有利证据。可是重建西周年代学如果仅靠在多学科中选择有利证据，其结论是难以成立的。因为每一学科中已经存在的反对意见和不利证据都不容忽视。那么工程是如何富有信心地重建了西周年代学呢？这就要谈到工程在西周年代研究上最重要的创造：在沣西地区建立的商—周考古界标。

笔者准备对商—周考古界标多做一些陈述。这是因为：1. 在沣西建立的商—周考古界标也是对笔者在丰镐地区所做考古研究的修正，笔者可以对修正的结果有所评价。2. 商—周考古界标显然是工程建立西周年代学的关键。以考古界标构成的证据为主干，从多学科中选择有利证据来建立西周年代学，似乎是一个勉强说得过去的逻辑。3. 有关考古人员对此考古界标所做的年代推定，是工程对有关 ^{14}C 数据进行“拟合”压缩的关键依据。而“拟合”压缩结果，又成为工程对有关文献和以往研究进行筛选的标尺。4. 由于未经考古训练，多数传统研究西周年代学的学者，对来自考古的证据少有能力进行评审。

对周都丰镐的考古史，请见张长寿先生所做的简要回顾[53]。1985 年上半年，笔者承蒙陕西省考古研究所石兴邦先生允许在沣东地区做了考古调查和发掘。85 年下半年，笔者又有幸参与由社科院考古所张长寿先生领导的在沣西张家坡的发掘。以这些考古工作和以往的研究为基础，笔者对丰镐遗址的陶器发展序列进行了研究，并把丰镐遗址的陶器分为七期[54]。考虑到研究方法和对象的特性，

[53] 请详见张长寿:《丰镐地区的调查和发掘》，见《新中国的考古发现和研究》，文物出版社，北京。1982 年。

[54] 蒋祖棣:《论丰镐周文化遗址陶器分期》，北京大学考古系编《考古研究》(一)，文物出版社,北京 1992 年。第 256-286 页。以下称 J 文。

笔者在对各期时代的推断中有意避免使用周王或具体年代，这一点下面还要展开讨论。以下是笔者的分期和年代推断(各期前加注 J 以标明为笔者的分期)。

J 第一期:　　先周期
J 第二期:　　商末周初
J 第三期:　　西周早期到中期
J 第四期:　　西周中期
J 第五期:　　西周中期偏晚
J 第六期:　　西周晚期
J 第七期:　　西周末年

现在我们来看沣西的新的考古工作。1997 年，社科院考古所在沣西进行了发掘[55]。这次发掘似乎达到了预期的目的，也就是通过考古分期研究建立了商一周考古界标。关于发掘所获和陶器序列的研究，基本不出 J 文研究之范围。但分期和年代的推断却明显地标新立异。以下便是该项分期和年代推断（各期前加注 K 以标明为考古所该项分期，引号中为作者原文，后缀括弧中为笔者加注）。

K 第一期:　　“文王迁丰至武王伐纣”(12 年，如多数学者从司马迁说)
K 第二期:　　“西周初年武王至成王前期”(15 年，如《简本》说武王 4 年，成王 22 年置半)
K 第三期:　　“成王后期至康、昭王”(55 年，如《简本》说)
K 第四期:　　“穆、恭王时期”(78 年，如《简本》说)
K 第五期:　　“懿、孝、夷王时期”(22 年，如《简本》说)
K 第六期:　　“厉、宣、幽时期”(108 年，如《简本》说)

55 中国社会科学院考古研究所丰镐工作队:《1997 年沣西发掘报告》,《考古学报》2000 年第二期，第 199-256 页。以下称 K 文。

首先需要指出，J 文和 K 文的分期断代，在考古年代学的方法论上有一个非常重要的区别：J 文分期的单位，是较笼统的王朝早晚期。各期在具体时间上没有明确界限，相邻各期在时间上互有重叠。用年代学的术语说，这种分期是“渐序的”（ordinal），如西周中期，中期偏晚等。K 文分期的单位，是确定的具体王世。相邻各期在时间上彼此断开，不可能有交错。这种分期是“间隔的”（interval），如文王、武王等[56]。在年代学理论上，渐序分期的重点是各期特征在先后顺序上的确定性。间隔分期则不仅包含先后顺序的确定性，更强调各期特征在各期时间上的确定性。

由于间隔分期前后两期之间不可能交错，对考古遗物进行间隔分期，要求对研究对象的特征及其年代有非常明确的证据。因此这种分期，常见于文字、货币、绘画、建筑等年代比较确定的对象。在商周考古中，大概除董作宾以贞人集团为依据对卜辞进行的分期，间隔分期极少见到。在以地层和陶器为研究对象，以地层学、类型学为方法的分期研究中，用陶器作为间隔分期标志并附以明确王世，K 文可谓独创。用陶器代表间隔开来、不能交错的不同时期，也就是令各期陶器只能代表某王世而绝不可能出现于相邻的、另一期的王世。或者说令西周众百姓在新王登基时对陶器来个彻底的破旧立新—— K 文这种分期方法的选定，显然有悖常理。

K 文所确定商—周界标，就是以 H18 为代表的 K 第一期（商），和以 T1 第 4 层、M4、M5、M15 为代表的 K 第二期（周）。在 K 文进行的间隔分期研究中，这两期的时代以武王伐纣之年断开，并且分别被赋予十二年和十五年的绝对年代。

什么样的地层学和类型学研究，可以把三千年前没有文字或图形等明确标志的陶器群分到十年一期的精度？纵观中外考古学，是否有任何一个经地层学、类型学研究划分的考古时期仅代表十数年的绝对年代？又有哪一群实用陶器曾

---

56 关于考古年代学中的“渐序”、“间隔”等概念，请见“时间和时间的度量”一节，Michael J. O’Brien and R. Lee Lyman, *Seriation, Stratigraphy, and Index Fossils, The Backbone of Archaeological Dating*. 1999. pp.13-22. 对于考古学中时间概念较为详细的讨论，请见 Ann F. Ramenofsky: *The Illusion of Time, Unit Issues in Archaeology*. The University of Utah Press, Salt Lack City, 1998. pp. 74-84.

经或者可以作为代表十几年时间的、间隔分期的标志？这两期的年代推断，在考古学理论和方法论上有何依据？。

K 文对 K 第一期的推断似有其理：

> 本期遗存既然为周人在丰镐一带的最早遗存，时代也应与周人始居丰相当[57]。

在没有文字证据的情况下，根据什么把这些灰坑和陶器贴上了"周人"的标签？因为丰镐地区在文王率周人迁丰之前荒无人烟？请看《史记·周本纪》关于文王的记载：

> 明年，伐崇侯虎而作丰邑。(正义皇甫谧云夏鲧封。虞、夏、商、周皆有崇国，崇国盖在丰镐之闲。诗云"既伐于崇，作邑于丰"，是国之地也。)[58]

再看《诗·大雅》所记文王在此地对崇侯虎的攻城大战：

> 帝谓文王，询尔仇方。同尔兄弟，以尔钩援。与尔临冲，以伐崇墉。临冲闲闲，崇墉言言，执讯连连，攸馘安安。[59]

一个建造城池的崇国在此，为什么他们就不可能留下几个灰坑和若干陶器呢？比起文王居丰，崇人居于此的时间要长得多，他们在这里留下遗物的可能是不是更大呢？

从器物类型的联系上，K 第一期基本上和 J 第一期一致，K 第二期也与 J 第

[57] K 文，第 240 页。

[58] 《史记》，第 118 页。中华书局，北京，1959 年 9 月。

[59] 《十三经注疏》，中华书局影印本，北京。1979 年 10 月。第 522 页。

二期相当。J 文所断 J 第二期时代为“商末周初”，文王迁丰，有很大可能为其所涵盖。更早一期，无论 J 第一期还是 K 第一期属于文王的机会就不大，换言之，即便 K 第一期的下限有可能到文王迁丰，其主体也不能用“文王迁丰至武王伐纣”这十二年来解释。

如果在 K 第一期的年代推断中，崇的被忽略只是一个疏忽，K 第二期年代推断所出的问题就不是那么容易得到原谅了。这一期由三座墓葬所代表(96SCMM5, 97SCMM4, 97SCMM15)，年代被 K 文断为“西周初年武王至成王前期[60]”。K 文如何根据考古遗物决定“成王前期”？在类型学研究上，有什么特征可以作为区分“成王前期”和“成王后期”的标志？什么样的器物、器型、组合、陶质、陶色、纹饰或其比例统计可以作为区别“成王前期”和“成王后期”的依据？如果在类型学上拿不出铁证，又有什么参照物，什么标尺，什么工具，什么技术，什么方法，什么理论可以把“成王前期”的陶器和“成王后期”的陶器分开？又如何把这两期从成王中间断开而令其不能交错？如果没有任何凭借，“成王前期”的年代推断是否可谓猜测？猜测而有违常理，是否可谓穿凿？

再看 ^{14}C 测年数据。以下是常规 ^{14}C 测年数据：[61]

分期	**单位**	**标本**	**^{14}C 年代**(BP)
K 第一期	H18	ZK5725	2893±34
K 第一期	H18	ZK5724	2860±33
K 第一期	H18	ZK5727	2837±37
K 第二期	T1(4)	ZK5730	2872±33
K 第二期	T1(4)	ZK5728	2854±33

60　从年代学方法论来说，分期精度从某王提升到某王前期似乎是“间隔尺度晋升”(interval scale upgrade)。表明分期者不愿停留在以王世为精度的分期上。不过在同一分期中设两种间隔尺度显然是不够明智的做法。

61　见《简本》表十，第 42 页。笔者暂时略去“拟合”一栏。具体原因请见上一节的讨论。

以下是 AMS 测年数据：[62]

分期	单位	标本	^{14}C 年代(BP)
K 第一期	T2H7	SA97022	2933±37
K 第一期	H18	SA97029	2850±50
K 第一期	H18	SA97030	2900±50
K 第一期	H18	SA97002	2905±50
K 第一期	H18	SA97003	2895±50
K 第二期	T1(4)	SA97009	2855±57
K 第二期	T1(4)	SA97004	2840±53

无论常规 ^{14}C 测年或 AMS 测年数据，给了 K 第一期一百年以上的可能范围。这不仅不支持“文王迁丰至武王伐纣”这一期十二年的推断，反而表明 K 第一期的时间范围可能比 K 第二期更长。是工程 ^{14}C 测年数据有问题，还是 K 文十数年一期的分期太离谱？两者之中，究竟谁错？

泰半应该是后者。因为这离谱还表现在整个分期的安排上。K 文分期的最早一期是十二年，最晚一期是一百零八年，考古分期研究，为何偏要形成“以一当十”之势[63]？

如上所述，常理、考古理论和方法论、文献、丰镐遗址以往的工作、^{14}C 测定、甚至 K 文本身的分期安排，都不支持 K 文的间隔分期，以及 K 第一期和 K 第二期的年代推断。为什么 K 文必须冒如此风险进行间隔分期？ 为什么 K 第一期只能始于文王，K 第二期又必须终于成王早期呢？

“工程”专家在以上考古学分期断代和测年数据的基础上，经过拟合

[62] 见《简本》表十一，第 43 页。亦略去“拟合”一栏。

[63] 从年代学方法论说，间隔分期尤为强调分期跨度的一致。“以一当十”的分期，显然是方法论上的混乱。

> 计算，得出武王伐纣之年在公元前 1050-前 1020 年之间。这一成果大大缩小了可供选择的武王伐纣之年的范围，对中国古代史的重要时间定点——武王伐纣之年的最终确定具有重要作用。[64]

现在可以明白，K 文分期的用心之良苦，全在“缩小武王伐纣之年的范围”。如果 K 文放弃间隔分期，把 K 第一期定为先周或归于崇，K 第二期订为商末周初，结束于成王或康王，以上讨论的分期断代的问题就明显减少，断代的可靠性也明显提高。当然，陶器分期如果可靠，就无法保证各期陶器之间不可能交错，无法保证每期陶器只可能属于某一特定王世。而没有这些保证，工程就失去了 ^{14}C 系列样品“拟合”所需的各期上、下限，以及每个样品与确定的王世的关联等“考古信息”。考古分期对于“拟合”就失去了意义[65]。对于工程来说，没有“公元前 1050-前 1020 年”这样小范围的“拟合”年代，就无法在武王伐纣之年问题上排除众议。换言之，如果考古分期可靠，就无法满足“拟合”的要求，无从得出三十年的克商年范围，工程关于西周年代的研究的方法和结论便失去了最主要的根据。

由于细节尚未公布，笔者对工程得出的“公元前 1050-前 1020 年”的“拟合”数据以及武王克商为公元前 1046 年的结论暂不提问。笔者已经论定，K 文对 K 第一期和 K 第二期的年代推断多有穿凿；据此“拟合”出来的“公元前 1050-前 1020 年”的年代当然有误；考古界标失准，“拟合”年代有误，“多学科研究”便失其主干，工程所建立的西周年代序列也就失去了立论的基础；立论而无坚实基础，工程关于西周年代的研究，其主要结论甚难获得公认，更无法真正否定历代诸家对西周年代的不同见解。于是，西周年代之论，仍当以史迁为准。

---

64 K 文，第 242 页。

65 请看工程 ^{14}C 专家对考古学家提供王世信息的要求：“首先需要建立样品与王世的可靠关系。……如果无法建立这样的关系，样品对于年代学就没有意义。”见 Guo Zhiyu, Liu Kexin, Lu Xiangyang, Ma Hongji, Li Kun: *The use of AMS radiocarbon dating for Xia-Shang-Zhou Chronology*. Nuclear Instruments and Methods in Physics Research, Section B, Volume 172, Issue 1-4, October 2000. Elsevier Science, Amsterdam. pp.725-726.

结 论

1. 西周年代研究是中国史学的经典议题。历代学者倾其心力，有关研究汗牛充栋。古史研究由此所获甚多。工程之研究，或可备为其中一说。从研究方法和结论的可靠性来看，工程所建立的西周王年的具体年数，远不足以成为定论。司马迁之年表，以及“疑则传疑”之审慎，仍应为讨论西周年代之规范。
2. 工程的所谓“多学科研究”，其重点就是把非文字研究引入了西周具体王年的讨论。此举虽属创新，但并不值得夸耀。考古地层划分、陶器分期或 ^{14}C 测年应当无法成为讨论西周具体王年的直接证据。西周年代序列具体细节最终的真相大白，定然不会是出于对非文字资料的分期、“拟合”或推论。
3. 工程对文献、纪日金文研究中多年未解的众多疑问或争执少有获得公认的解决方案，在考古、^{14}C 测年的方法及推断上却多有由冒进造成的穿凿，学术研究的规划和把关出现若干比较明显的失误。若不及时匡正，恐怕会愧对古今学人，甚至贻笑于后世之学术史。
4. 夏商周文明虽在具体年代上有所缺失，但其年代框架和文明特征都相当确定和清楚。在走向世界的今天，从人类各文明发展过程的视角对夏商周文明的内涵进行总结，比搞清某些具体年代细节应当更为重要和更加富有意义。

附件 2

祖栋

所寄贺年卡和7号的来信都收到了。你的闺女长得真像你，很可爱，这也是你们的幸福。你托刘绪之事，我一定去办。刘绪对我说，你这篇文章写得很好，这样的文章也只有你写最合适。我估计他们不可能作任何删改，原文照刊，请放心。

关于断代工程，我上次已写了不少，要补充的不多。我、俞伟超、严文明、裘锡圭、朱凤瀚（现任历博馆长）等都背上了黑锅，说也被写文章，因为我们都是"专家"，都是所谓"阶段性成果"的作者。其实我们都没有动手，更没有签名，他们（所谓首席科学家）硬是盗用了我们的名义，弄得我们啼笑皆非。目前国内学术界赞同者寥寥无几，一般皆是不知内情者，或是对断代工程毫无研究者，稍有常识的学者，根本无人赞同。现在他们还在搞繁本、简本，其效果如何，不言而喻。他们真是糟蹋了中国的学术！断代工程共有专家21名，除了以上五人外，还有李学勤、李伯谦、仇士华、殷玮璋（[redacted]）、张长寿（[redacted]）、原思训（[redacted]）、陈铁梅（不同意14C的问题）、郭之虞（北大核物系，不同意仇世华）、张培瑜（天文很有成就，不同意李学勤者）、陈久金（天文有成就，不同意李学勤者）、马承源（从未参加断代工程会议）、刘次沅（懂天文，不同意李学勤）、席泽宗（懂科学史，院士，开会一言不发）、彭林（[redacted]）、安金槐（[redacted]极少参加会）、还有一位无名小辈（[redacted]）。可见专家大都是李学勤挂帅的。所谓阶段性成果，都是李学勤、李伯谦二人从过去已研究的成果中选来选去，掺杂些自己的私货拼凑而成，打上"专家"招牌，由仇世华弄出所谓拟合，以适合二李的主观意图凑成的，根本谈不上有什么科学性。真正的专家，在96年开始工程启动时，多少提过一些意见，97–2000年，真正的专家都不发言了，因为发了言，二李也一律不采纳，完全由二李独裁。仇世华也一味捧二李。所谓200名专家只开过一次大会，是二李用"工程"的名义拉来的，其中也有些真正的专家，但不发言而已，发言者大都是反对二李的，所以二李也一律不采纳其意见。本来用200名专家不过是壮一壮声势而已。考古专门开过三次大会（郑州、偃师、西安），参加的人都上百人，基本上都赞同我的论文集以上的论点，但是2000年写成的所谓成果都塞进了不少李伯谦的意见，弄成面目全非，自相矛盾，因为成果是李伯谦执笔的（其中考古文献由李学勤执笔）。通过"工程"我才真正认识了李学勤不过是个商人而已；李伯谦是个十足的政客（他在北大学阀中学到的）而已。

你常把"工程"与"大炼钢铁"相比，其实"工程"已远远超过"大跃进"。后者还多少用点"民主集中制"的口号，前者连口号也不要了，只要集中，不要民主，百分之百的"一言堂"！本来"民主集中制"就不能解决有争议的学术问题，而二李用的则是做买卖和耍政客，哪里是搞学术？二李的"学术"你是知道的，宋健是上了二李的当。李学勤是朱学文推荐给宋健的，她是宋健秘书的爱人，曾在60年代北大历史系毕业，对历史稍有些知识，是我的学生，现在是断代工程的秘书长。其实，宋健根本不认识李学勤，甚至连他的名字也不知道，宋健完全听了朱学文对李学勤的吹嘘。我们专家组组长是邓楠，她是北大物理系毕业，对文科一无所知，因为她是小平的闺女，所以当了组长。其实，她仅把宋健的意图向我们转达而已，是个传话筒。奇怪的是断代工程为什么由一个学理工科的宋健来领导，不得而知，也许因为文科没有像郭沫若、翦伯赞、范文澜一类的人了吧。问题的关键是中央不重视文科，以为文科应由理科来领导吧。他们以为文科很容易，正如小平二次上台时所说"文科学学鲁迅就全都完成了。"所以弄成现在断代工程笑话百出也是很自然的了。李学勤自认为现在文科的圣人，比郭沫若不知高超多少倍！这就是现在中国人文科学的悲剧！李伯谦公然是中国考古学的特大权威！我估计在不久将来会对二李进行批判（国内外），你等着瞧吧。张光直已逝世，大概你早就知道了。实在太可惜，他本该还要发出一些热，不幸早逝。98年我去美国，一见面他就紧紧抱住我，至少有两分钟他不松手，当时我就预感到不妙，殊不知只隔两年，他就弃我而去，悲哉！我现在已74岁，谁知我还能走多远！希望你能创造出更大的业绩！

邹衡 2000.1.17.于昭和园后

致蒋祖棣的一封信

邹 衡

祖棣[1]

所寄贺年卡和 7 号的来信都收到了。你的闺女长得真像你，很可爱，这也是你们的幸福。你托刘绪之事，我一定转告。刘绪对我说，你的这篇文章[2]写得很好，这样的文章也只有你写最合适。我估计他们不可能作任何修改，原文照刊，请放心。

关于断代工程，我上次已写了不少，要补充的不多。我、俞伟超、严文明、裘锡圭、朱凤瀚（现任历博馆长）等都背上了黑锅，谁也不敢写文章，因为我们是"专家"，都是所谓"阶段性成果"的作者。其实我们都没有举手，更没有

1　我来美国以后，和邹老师一直保持着通信联系。我们往来的不少信件都讨论到了断代工程。本书选择公布这封信，是因为信中邹老师讲述了断代工程如何得出《简本》结论（信中称为"阶段性成果"）的内幕。邹老师信中还表达了他和其他几位工程专家组成员对《简本》和对工程负责人的真实态度。这里采用好友徐天进的建议，隐去信中邹老师评价几位学者的文字。

2　蒋祖棣：《二十世纪夏商周研究的进展》，北京大学考古文博学院编：《考古学研究（五）——庆祝邹衡先生七十五寿辰论文集》，第 13-24 页。科学出版社，2003 年，北京。邹老师收到这篇文章后给笔者的几封信中，谈了不少他读这篇文章的感受。邹老师还特别把我这篇文章放在他七十五寿辰论文集的第一篇。2003 年，中央电视台制作《国学大师·邹衡》节目，节目编导向邹老师征求讲述他学术成就的参考资料。邹老师跟我说："我给了这位编导你的这篇文章，并且跟他说：'这一篇就够了'。后来这个节目的解说词大多选自你的这篇文章。"节目播出后，邹老师曾在电话里问我看没看到央视的这期节目，我说还没有。邹老师说："我给你留了一份节目的录像带，你下次来记得管我要。"可惜还没有等到我回到北京，邹老师竟已西去。我赶到北京参加邹老师的追悼会，仪式前见到师母杨凤鸣。师母对我说，"谢谢你赶过来，更要谢谢你写的文章。你不知道那几天老邹看你的文章有多激动，吃饭的时候带到饭桌上看，睡觉前在床头也看。老邹真的很幸运，在他生前能够亲眼看到对他这样的评价，能看出来他很在乎这些评价。"我这篇文章写于《简本》发布之前，其中也有当时我对断代工程的一些看法。这里把我的这篇文章放在附件 10。

签名，他们（所谓首席科学家）硬是盗用了我们的名义，弄得我们啼笑皆非。目前国内学术界赞同者寥寥无几，一般都是不知内情者，或是对断代工程毫无研究者，稍有常识的学者，根本无人赞同。现在他们正在搞黄帝、尧舜禹，其效果如何，不言而喻。他们真是糟蹋了中国的学术！断代工程共有专家 21 名，除了以上五人外，还有李学勤、李伯谦、仇士华、殷伟璋（隐去 7 字）、张长寿（隐去 8 字）、原思训（隐去 14 字）、陈铁梅（不同意 ^{14}C 的测定）、郭之虞（北大技物系，不同意仇士华）、张培瑜（天文很有成就，不同意李学勤者）、陈久金（天文有成就，不同意李学勤者）、马承源（从未参加断代工程会议）、刘次沅（懂天文，不同意李学勤）、席泽宗（懂天文学史，院士，开会一言不发）、彭林（隐去 12 字）、安金槐（隐去 16 字，极少来参加会），还有一位无名小卒（隐去 4 字）。可见专家都是李学勤拉拢的。所谓阶段性成果，都是李学勤、李伯谦二人从过去已研究出的成果中选来选去，掺杂些自己的私货拼凑而成，打上 ^{14}C 招牌，由仇士华弄出所谓“拟合”，以应二李的主观意图凑成的，根本谈不上有什么科学性。真正的专家，在 96 年工程启动时多少提过一些意见，97-2000 年，真正的专家都不发言了，因为发了言，二李也一律不采纳，完全由二李独裁。仇士华也一味捧二李。所谓 200 名专家，只开过一次大会，是二李用“工程”的名义拉来的，其中也有真正的专家。但不发言则已，发言则大都是反对二李的，所以二李也一律不采纳其意见。本来用 200 多名专家，不过是壮一壮声势而已。考古专门开过三次大会（郑州、偃师、西安），参加的人都上百人，基本上都赞同我的《论文集》[3]上的论点。但是 2000 年写成的所谓“成果”，都塞进了不少李伯谦的意见，弄得面目全非，矛盾百出[4]。因为“成果”是李伯谦执笔的（金文、甲骨、文献由李学勤执笔）。通过“工程”，我才真正

[3] 邹衡：《夏商周考古学论文集》，文物出版社，1980 年，北京。

[4] 在邹老师 2000 年写给笔者的另一封信中，邹老师讲过这样一件事：工程负责人准备好了关于工程研究成果的文字，刻意让邹老师在“工程验收”会上宣读。邹老师写道：“我只好照文念了。不过我念了之后，又说了几句：‘这个稿子不是我写的，我基本上不同意其中的观点。’引起全会一片紧张，我也管不了这许多了。”邹老师信中还说：“断代工程现在公布的结论的确是一家之言，不应该署名专家组。”

认识到：李学勤不过是个商人而已；李伯谦是个廉价的政客（他在文化大革命中学到的）而已。你曾把“工程”与“大炼钢铁”相比，其实“工程”已远远超过“大跃进”。后者还多少用点“民主集中制”的口号，前者连口号也不要了，只要“集中”，不要“民主”，百分之百的“一言堂”！本来“民主集中制”就不能解决有争议的学术问题，而二李用的则是做买卖和耍政客；哪里是搞学术？二李的“学术”你是知道的，宋健是上了二李的当。李学勤是朱学文推荐给宋健的，她是宋健秘书的爱人，曾在 60 年代北大历史系毕业，对历史稍有点知识，是我的学生，现在是断代工程的秘书长。其实宋健根本不认识李学勤，甚至连他的名字也不知道。宋健完全是听了朱学文对李学勤的吹嘘。我们专家组组长是邓楠，她是北大物理系毕业，对文科一无所知，因为她是小平的闺女，所以当了组长。其实，她仅把宋健的意图向我们转达而已，是个传声筒。奇怪的是断代工程为什么由一个学理科的人来领导，不得而知，也许文科没有了郭沫若、翦伯赞、范文澜一类的人了吧。问题的关键是中央不重视文科，以为文科应由理科来领导吧。他们以为文科很容易，正如小平二次上台时所说“文科啥啥鲁迅全集就成了。”所以弄成现在断代工程笑话百出也是很自然的了。李学勤自认为现在文科的圣人，比郭沫若等不知高多少倍！这就是现在中国人文科学的悲剧！李伯谦公然是中国考古学特大的权威！我估计在不久将来会对二李进行批判（国内外），你等着瞧吧。张光直已逝世，大概你早就知道了，实在太可惜。他应该还要发出一些热，不幸早逝。98 年我去美国，一见面他就紧紧抱住我，至少有两分钟他不松手。当时我就预感到不妙，殊不知只隔两年，他就弃我而去，悲哉！我现在已 74 岁，谁知我还能走多远？希望你能创造出更大的业绩！

邹　衡　2001.1.17. 干颐和园后

附件 3

面对面的对话——“夏商周断代工程”的美国之旅[1]

张立东

《文物报》编者按：

夏商周是中国历史上一个十分特殊的阶段：零星的文明因素汇聚成河，中国最早的王朝诞生并定鼎中原；中国文明和华夏传统的若干基本特征在这一阶段成熟并随着早期王朝的东征西讨、文化交流特别是西周分封制度的复制催生而普世化……夏商周三代是一个历史有记载但记载过于简陋、不足凭信的时代，约略相当于国际学术界所说的原史时代，它需要用考古学、历史学的知识来夹攻以及一切相关学科的通力合作，才能有所收获。

中国的学术界从太史公司马迁开始就在三代年代与史实的问题聚讼纷纭，考据文献汗牛充栋；中国几代考古学人——开创者，后继者，主持者以及参与者，可以说大都是在三代史实以及年代的真伪问题上耗尽了生命的灯油，试图照亮这历史与史前、文明与野蛮之间的混沌，廓清中国文明的根源；中国考古学因此被国外同行认为具有太多的历史情结。

随着科学的进步，特别是考古学突飞猛进的发展以及大量新材料的面世，终于为重新认识三代问题提供了新的机遇。从 1996 年开始，国家耗费巨资组织

[1] 见 2002 年 5 月 24 日《中国文物报》。该文摘要发表于《中国社会科学文摘》2002 年第 4 期（总第 15 期），第 120-123 页，2002 年 8 月 1 日。

“夏商周断代工程”，聚集二百余位不同学科的专家，划分 9 个课题 44 个专题，历时四年，进行联合攻关，希望将夏商周时期的年代学进一步科学化、量化，从而为深入研究中国古代文明的起源和发展打下一个良好的基础。工程之浩大、组织之严密、投入之庞大，均为前所未有。

工程的研究结果不仅推进了学术上的认识，工程对参与其中的各类专家无疑也是一次难得的多学科合作研究的锻炼，积累的各种经验和教训颇可资以后借鉴。因此，工程引起各方广泛关注势所必然。本报 5 版曾经编发过刘星先生等《缺席的对话》，介绍海外学者评说断代工程，现在再次编发张立东先生《面对面的对话》，介绍断代工程专家代表在美国与国际学术界面对面就夏商周断代工程研究成果进行交流的情况，以拓宽视野，推动对中国早期文明的认识和学术的进步。

应美国学者邀请，举世瞩目的“夏商周断代工程”今年 4 月份在美国首次正式亮相。

“工程”代表在华盛顿和芝加哥共参与了三场讨论。参与讨论的“工程”专家有：“夏商周断代工程”专家组组长、首席科学家、中国社会科学院历史所研究员李学勤，“工程”专家组副组长、首席科学家、中国社科院考古所研究员仇士华，“工程”专家组成员、中国社科院考古所研究员张长寿，“工程”专家组成员、南京紫金山天文台研究员张培瑜。参与讨论的学者有：斯坦福大学哲学系教授倪德卫、芝加哥大学东亚语言与文明系教授夏含夷、斯坦福大学宗教研究系教授邵东方和斯坦福大学亚洲宗教文化研究中心兼职研究员蒋祖棣。从各方为参加讨论准备的文章可以看出，参与学者对此次讨论都十分重视，做了非常认真的准备。全程参与这几场讨论以后，笔者非常乐意与关注“夏商周断代工程”的学界同仁分享这次讨论会的有关情况。

4 月 4-7 日在华盛顿召开的“亚洲学会”2002 年年会上，举行了两场关于“夏商周断代工程”的讨论。一是 4 月 5 日下午由哈佛大学人类学系李润权教授主持的“夏商周断代工程：交流与争论”专题会议；二是 4 月 6 日晚上由“古代中国研究会”主办、芝加哥大学东亚语言与文明系夏含夷教授主持的“夏商周断代工程圆桌会议”。

在专题会议上，李学勤《“夏商周断代工程”：方法和成果》介绍了“工程”的缘起与过程，特别强调“工程”虽然是由国家科委主任宋健发起的，而且得到政府的资金支持，但其本身是一种学者行为。“工程”研究方法的特点是把与年代学有关的考古学、历史学、古文字学、天文学和科技测年技术等结合起来，进行多学科综合研究。具体的研究途径主要是两条：一是对传世和出土的文献进行整理和研究，通过对其中的天文、历法记录进行计算推定一些事件的年代；二是对有典型意义的考古遗址和墓葬材料进行分期研究，并做必要的发掘，取得系列样品，进行常规和加速器质谱仪的 ^{14}C 测年。他简单介绍了“工程”的主要基础性工作和成果，并说这些成果已经公布于2000年出版的《夏商周断代工程1996-2000年阶段性成果报告（简本)》中，而报告的繁本正在编写之中。

张培瑜的《传世和出土文献中夏商周天象和年代信息的分析研究》指出汉代有两组关于夏商周年代的数据：一是殷历的夏431年、商496年和周826年；二是三统历的夏432年、商629年和周857年。参照对中国历史上420世577个帝王在位年数的统计，三代积年当以低年说较为可信。传世文献中有关历日天象的记载多出后人之手，《国语》所载武王伐纣时的天象至少有三种是后人推算加入的。与此不同，伐纣时五星聚的时间和位置不可能是后人推算或伪造的。在武王伐纣前后的公元前1019年，曾发生过五星聚于房，而在四十年前的前1059年，另有五星聚于井。武王伐纣应在前1019年前后。根据古文字学家排出的前后序列，他对殷墟宾组卜辞的五次月食进行了计算，得出了惟一证认结果，从而计算出武丁和祖庚的可能年代范围是前1246-前1181年。

倪德卫（《夏商周断代工程：两种研究途径》）对“夏商周断代工程”的阶段性成果持否定态度，并以“工程”所定的“周厉王37年”为例加以说明。他认为，《齐世家》记载周厉王被流放于齐武公9年，而早于武公的献公是通过前860年的政变，杀胡公而即位的。据“胡公徙都蒲姑，而当周夷王之时”，很可能夷王在前860年仍然在位，因此厉王的在位年数最多不会超过十八年。懿王元年为前 899 年，至前 841 年仅五十八年。懿王在位二十五年，其后经孝王、夷王之后才是厉王，因此厉王不可能在位三十七年。他还以《今本竹书纪年》的懿王在位二十五年、膳夫山鼎的月相与工程所定的厉王 37 年不合、“两元年制”的合理性等进行了论证。

邵东方的《有关〈今本竹书纪年〉的争议及其与夏商周年代的关系》全面回顾了自十八世纪以来关于《今本竹书纪年》可信性的争议，指出：自王国维之后将此书视作伪书的看法在中国学术界占主导地位，而西方在十九世纪便已将此书译作英文和法文，显然并未视其为伪书。在过去的二十年中，中美一些学者力主《今本竹书纪年》绝非伪书。他还重点介绍了陈力对《今本竹书纪年》伪书说的挑战、夏含夷关于《今本竹书纪年》错简的发现和倪德卫的三代王位继承的“两元年制”与《今本竹书纪年》年表的关系。

张长寿的《沣西的先周文化遗存》介绍了在沣西地区探索和认定先周文化遗存的历程。他指出：二十世纪六十年代初出版的《沣西发掘报告》已经提出早期居址的起始年代也许在文王作丰之时。1967 年、1983 年发掘的三座墓葬进一步确认并深化了上述推论。1996 年 5 月，夏商周断代工程启动，在“武王伐纣年代研究”课题中特设“丰镐遗址的分期断代”专题，其学术目的是通过对丰镐遗址的分期断代区分出先周文化和西周文化的界线，并从相关地层中采集系列测年样品，用放射性碳素测年的方法，确定武王伐纣的年代范围。结果在 1997 年春季的发掘中，发现了一组典型地层关系，即西周早期的文化层 T1:4 叠压在先周文化的 18 号灰坑之上。在随后由发掘者进行的分期研究中，18 号灰坑被分属第一期，年代被认为是文王迁丰至武王伐纣之间。T1:4 属第二期，其年代相当于商周之际至成王时期。

仇士华的《^{14}C 年代测定与夏商周年表的关系》介绍了“夏商周断代工程”考古系列样品的 ^{14}C 测年方法，指出利用贝叶斯数理统计进行匹配拟合，是由统计学家提出，同 ^{14}C 年代学专家和考古学家协作完成的，而牛津大学 OxCal 程序的编制，则将复杂的计算简化为一般的程序操作。他列举了实际测定的重要结果，讨论了 ^{14}C 年代框架在编制三代年表过程中所起的作用。他强调，考古信息的正确与否对于计算 ^{14}C 系列样品的年代至关重要。

“圆桌会议”实质上是前一天专题会议的继续。小组会的发言者就夏含夷教授事先准备的问题进行了回答。

夏含夷问李学勤：关于西周年代，“工程”采用了个别传统的年代，如穆王55年、厉王37年、昭王19年，但对其它诸王年代却不用传统年代。例如，《世经》和《竹书纪年》（《新唐书·历志》引）都说成王在位三十年，而“工程”却仅为成王分派了二十二年，请问为什么对这些传统记载置而不论？

李学勤回答说：中国古代关于年代的记载有两种：一是流传下来的记录；二是关于年代的学说。对于这些记载，我们都做了研究与整理，但并不认为有哪一条记载非用不可。如果文献记载与考古、^{14}C、金文材料相矛盾时，我们宁可相信后者。

夏含夷问张培瑜：被“工程”列为支点年代之一的前899年天再旦于郑，实际上在中国以外早已有人提出过，有的学者认为报告（《简本》）完全没有提到国外学术成果是缺乏学术道德，请予以说明？

张培瑜回答说：刘朝阳最早提出这次懿王元年天再旦可能是日出之际的日食造成的，后来方善柱等学者进一步指出此年应为前899年。“工程”在新疆地区组织了对日出之际日食的观测，进一步验证了日食的确可以造成天再旦的感觉，又改变了天文计算中使用的地球自转常数，最后确认懿王元年天再旦就是指前899年4月21日日出之际发生于陕西关中地区的日全食。各种宣传报导及报告简本中对国外学者的工作没有很好地说明，是不尽妥当的，将来在正式报告中应该予以充分说明。

夏含夷问仇士华：您在论文中曾提到晋侯墓地8号墓的两个测年数据：距今2630±30、2620±20年，而报告简本则用了另外一个距今2640±50年，请问为什么会有这样的出入？在报告中64号墓的一个样品测定数据为距今2671±38年，似乎稍早于8号墓，而拟合后则为前804-789年，却比8号墓要晚，请问这是否与报告定64号墓比8号墓晚有关系？

仇士华对夏含夷指出他们工作中的疏忽表示感谢，并对这一疏忽产生的过程进行了说明。

除因故先行回国的李学勤外，华盛顿会议上的发言者均在 4 月 12 日以前抵达芝加哥，蒋祖棣也从旧金山硅谷赶到芝加哥，加入在芝加哥大学进行的第二轮讨论。

4 月 12 日下午，本年度“顾立雅 Creel 讲座”的主讲人倪德卫教授做了题为《三年之丧与古代中国年代学》的演讲。由孟子劝滕世子行三年之丧出发，全面梳理了夏商周三代的三年之丧。夏代的三年之丧是一种非常严肃的宗教义务，未来的国王在三年之内专心守丧。成汤灭夏本身在宗教方面的越轨，致使神权削弱，于是伊尹以兄终弟及的办法来解决三年之丧的问题，以保证继位的王子不会因为守丧而失去继位的机会。在这种替代性的制度下，新王在丧期完成之前仍不能开始新的纪年。周室父死子继制度化以后，继位者仍沿用商代先例以守丧期结束作为新纪年的开始。王室东迁以后，这种“两元年制”随之消失。孟子劝滕世子行三年之丧，是对旧制度的复兴，而不是创造。这种制度战国时代虽已不复存在，然若以纪年法为线索回溯，则显然越早越严格，只是其在史前时代的开始早已被彻底遗忘。

东道主夏含夷教授主持了 4 月 13 日的“‘夏商周断代工程’研讨会”。与会学者以三篇演讲为线索，对“工程”的方方面面进行了整整一天的讨论。

笔者宣读了初稿于撰写“工程”报告简本之时、修订于芝加哥大学的《关于商代积年的初步研究》一文，力主商代积年应为 553 年。《世经》之 629 年、《鬻子》之 576 年和《竹书纪年》之 496 年均难与由考古和 ^{14}C 得出的年代整合，这就促使我们重新考察古代文献中的商代积年。今收入《古本竹书纪年》而在《今本竹书纪年》里为大字注的“汤灭夏以至于受，二十九王四百九十六年”，与《国语》的“商代享国者三十一王”不合，因此这二十九王可能不包括帝乙、帝辛。周人盛言“文王受命”并以此做为周朝的开始，汉代的董仲舒仍持此说，成书于战国时期的《竹书纪年》亦应如此。根据《尚书·无逸》，西周时期的文王受命是指文王即位，而不是汉代以来流行的断虞芮之讼，因此商代积年应在 496 年的基础上加上文王在位的 51 年和武王于克商以前在位的 5 年。据《殷历》推算出的成汤元年为前 1579 年，文王受命之年为前 1083 年，商代积年正是《竹书纪年》的 496 年,《殷历》与《竹书纪年》关于商代积年的数据应属一个系统。

蒋祖棣《西周年代研究之疑问：对夏商周断代工程方法论的批评》对“工程”关于西周年代的多学科研究进行了分析，认为“工程”在文字证据文献和金文的研究中尚没有就任何主要争议提出过获得公认的解决方案,“工程”所谓的多学科研究的创造，主要还是用非文字证据的研究来解决西周年代的问题。他从考古分期方法、文献、^{14}C 等方面，并对照他自己 1986 年对丰镐遗址的分期，证明 1997 年沣西分期，即所谓“商周界标”年代研究的方法有问题，其第一期“文王迁丰至武王伐纣”的年代推断有明显的错误。在讨论中张长寿谈到：1997 年沣西第一期的乳状袋足鬲也见于宝鸡、周原等地的先周文化。沣西第一期年代是否可以归为如蒋祖棣所认为的早于文王的崇还应当对此加以考虑。蒋认为张的意见恰恰支持他的观点，因为宝鸡、周原等地的乳状袋足鬲显然不能以文王迁丰作为年代上限。在讨论会上，张长寿明确表示他个人同意蒋祖棣对于 1997 年沣西考古分期的意见。

蒋祖棣对“工程”的 ^{14}C“拟合”方法也展开了批评。他认为：1、“工程”^{14}C“拟合”所依据的牛津大学 OxCal 程序的系列样品算法不能代表国际 ^{14}C 校正的标准；2、国际 ^{14}C 专家已经指出 OxCal 系列样品算法本身包含了人为加工成分，因此计算的准确性也随之降低；3、“工程”报告简本使用的所有“拟合”数据仅有 68%的可信度；4、“拟合”计算还包含了来自考古的错误断代信息；5、“工程”并未把含有如此问题的“拟合”数据仅做参考，而是将其作为评判诸家之说的尺度，显然大为不妥。鉴于此，他认为“工程”关于西周年代的结论是不可靠的。在讨论会上，蒋祖棣现场用计算机和 OxCal 程序对“工程”报告简本表 6 公布的 ^{14}C 数据进行了重新验算,并向“工程”的专家们提出了问题。仇士华对全部问题都表示认同，并且表示他本人也对《简本》公布的若干 ^{14}C 数据持有疑问。夏含夷、倪德卫等则指出：如果报告简本公布的 ^{14}C 数据存在这样的问题，“工程”报告简本第 88 页的夏商周年表就应当更正，尤其不能作为定论成为国内各出版物的标准。

夏含夷的《从汲冢出土文献的整理过程再谈〈今本竹书纪年〉的真伪》详

细排比了《古本竹书纪年》、《今本竹书纪年》和《史记》梁惠王改元前后的有关记载，证明《今本竹书纪年》应是和峤的整理本，而《古本竹书纪年》当为束皙的整理本，写定时代要比和峤本晚十几年。这就充分证明了《今本竹书纪年》绝非明代的伪造品。因为，如果《今本竹书纪年》真是明代的伪造品，作伪者肯定会利用《古本竹书纪年》，也就不会产生上述的歧异。《今本竹书纪年》在梁惠王改元问题上的错误以及武王纪年里的一条错简，都是和峤利用当时的史学常识来整理摹本造成的。由此看来，对《今本竹书纪年》进行重新整理，应该是一项很有意义的工作。

“夏商周断代工程”代表这次赴美国的主要目的，是与国外学术界就学术问题进行交流，向美国学术界介绍“工程”的有关情况，并听取美国同行的评论。在两场讨论会上，除了对具体学术观点的批评之外，学者们对“工程”的评论主要集中在以下几个方面：

一、对“工程”的总体评论

倪德卫、夏含夷对政府在“工程”中担任的角色表示关切，并担心“工程”做出的错误年代会对那些关注年代学但又无法亲自检验的人产生误导，并使错误的年代成为正式出版物的标准。夏含夷还指出，在美国人眼里，由委员会制作的东西是委员们互相谈判的结果，因此一般都包含很多的矛盾，并且大多没有很好的声誉。

二、对“工程”方法论的评论

蒋祖棣指出工程的“多学科研究”实际上主要依赖非文字证据的研究，而在以解决具体年代为目的的西周年代学研究中，考古陶器分期、^{14}C 测年等手段显得力不能及。勉强为之，便会造成方法上的冒进。他指出“工程”在非文字证据的研究中，无论考古分期还是 ^{14}C“拟合”，都存在由于冒进而形成的穿凿。

三、对“工程”的一些期望

邵东方认为确定或公布某一年代应特别注意学术观点的发明权问题，在叙述前人研究成果时应该指明谁最先提出某一观点，而不是哪一位名人曾经持有这一观点。他对“工程”关于武王克商年中的“最优解”、“次优解”之类的提法表示不能理解，认为如果得不出准确年代，可以将年代的范围放宽而非有意缩小。他还指出对古代文献包括铭文的“改字”在中国学术史上是非常忌讳的，工程排比金文历谱时改动干支的做法有很大的任意性。

蒋祖棣、张培瑜等则建议，在繁本报告中应该说明“工程”的各个具体结论是谁的主张，并注明在专家中有多少人支持和反对。这一方面是出于学术负责考虑；另一方面也是尊重每个参与学者的发明权。实际上，个人负责，也是社会科学研究的特性。蒋祖棣还提出，“工程”应公布所有 ^{14}C“拟合”参数和具体过程，使“工程”的数据经得起学术界的验算核实。他指出：迄今为止，“工程”公布的所有“拟合”数据尚无一可以通过用同样程序进行的验算。而没有这样的验算，“工程”根据这些 ^{14}C“拟合”数据形成的年代结论当然无法被接受。

“夏商周断代工程”的美利坚之旅可圈可点之处甚多。组织者以“交流与争论”为题，突显了对这次活动的期望。与会学者在讨论过程中都相当认真、诚恳和友好，学术气息相当浓厚。通过这次交流，美方学者加深了对“工程”的了解，而“工程”的专家也藉此对过去的工作进行了反思。由此可见，作为学术研究，“工程”与国外学术界的交流是十分必要的。加强与国外学术界的交流，或当为“工程”今后工作的重点之一。随着中国加入世贸，中国经济已经汇入全球化的洪流之中。中国的人文、社会科学加入全球化的进程也是大势所趋。熟悉和遵行全球化的“游戏规则”，加强与外部世界的交流，在组织大规模学术研究之时应当特别注意。从这种角度重新审视“夏商周断代工程”，无论策划理念、运作方式、还是研究方法，都有很多值得反思之处。其中一些具体缺陷，可望在正式研究报告繁本出版之前加以弥补，而一些无法校正的问题，只能寄希望于后续研究。“夏商周断代工程”的成功经验和暴露出来的严重问题，值得在策划和实施“探源”工程或类似的其它工程时充分考虑。

附件 4

毁誉参半的文化工程[1]

——“夏商周断代工程”回顾与评述

陈 宁

前言

由中国政府资助上千万人民币、轰轰烈烈地进行了五年的“夏商周断代工程”（以下简称为“工程”）在中国大陆几乎是家喻户晓、人人皆知。有的媒体甚至把它称为“中国文化史的最伟大的事件”，超越了明代《永乐大典》和清代《四库全书》的纂修。2000 年 10 月，“工程”发表了《夏商周断代工程 1996-2000 年阶段成果报告（简本）》。《简本》的结论也全部通过了中国国家科技部的验收，并且荣获“全国十大科学进步奖”。而就在《简本》发表的前后，抨击的声浪不断在海外出现。有的评论认为，“工程”有政治背景，是政府在搞民族主义；有的则从学术角度提出批评。斯坦福大学的大牌教授 David Nivison 在《纽约时报》所下“国际学术界将把工程报告撕成碎片”的断言，也成为一句学术界广泛流传的名言。中国媒体将这些抨击视为“敌对势力”、“帝国主义”。2002 年 4 月，“工程”专家组组长李学勤、首席科学家仇世华等应邀赴美参加了有关“工程”讨论的学术会议。这次会议是“工程”两种不同的观点在国际上的第一次正式的面对面的交锋。在会议上，海外的学者对“工程”的方法和结论提出了

[1] 《中国文史哲研究通讯》第十三卷·第四期，中央研究院中国文哲研究所，台北，2003 年 11 月。

尖锐的批评，从而引起了学术界的轩然大波。

缘起

中国人都听说中华民族有五千年的文明史，这是因为古代文献中清楚地记录了夏、商、周三个最早的朝代。但是，就有案可稽的最早的年代来说，司马迁的《史记》也只能追溯到西周晚期的共和元年，即公元前 841 年。再往前的西周早、中期和夏、商两代，只有帝王的世系而无年代。这就是说，五千年文明史中仅有三千年“有史可查”。对国民来说，“这事儿很煞风景”，使人说起五千年文明史来，“理不直，气不壮”；对学者来说，“五千年的文明史一直不能得到中外史学界的公认”而令人愤愤不平。

为填补中国文明史的空白，“夏商周断代工程”于 1996 年正式设定，成为中国“九五”期间重点科技攻关计划项目。为了使工程规定的目标能顺利实现，国务院成立了由国家科委副主任邓楠为组长、七个部委领导为成员的领导小组，李铁映、宋健二人为工程特别顾问。聘任历史学家李学勤、碳十四专家仇士华、考古学家李伯谦、天文学家席泽宗为工程“首席科学家”，主持由 21 位不同学科的专家组成的专家组工作。这个科研项目，涉及历史学、考古学、天文学、科技测年等学科，分 9 个课题，44 个专题，直接参加的专家学者就有 200 人。据报道，这一高层次的科研工程，连办公室秘书都是博士后。

“工程”要达到以下的具体目标：

1．西周共和元年（公元前 841 年）以前，包括西周早、中期和晚期前后段各王准确的年代；

2．商代后期从商王武丁至帝辛(纣)，确定比较准确的年代；

3．商代前期，提出比较详细的年代框架；

4．夏代，提出基本的年代框架。

成果

“工程”主要依靠两条途径来建立三代年代学系统，一是对传世的古代文献和出土的甲骨文、金文等古文字材料，进行搜集、整理、鉴定和研究，对其中有关的天文、历法记录，通过现代天文计算，推定其年代；二是对有典型意义的考古遗址和墓葬材料进行整理和分期研究，并作必要的发掘，取得系列样品，进行碳十四测年。

经过四年多的努力，“工程”终于发表了《夏商周年表》。这份《年表》定夏代始年大约为公元前 2070 年，夏商分界大约为公元前 1600 年，商周分界具体为公元前 1046 年。又将具体的帝王年代从公元前 841 年向前推移到前 1250 年，即武丁元年。武丁是商代后期的王，在他以后的各王都给予了具体的在位年代。另外，西周从武王到幽王的所有年代也有了更具体的划分。西周诸王年表的建立，甚至商王武丁以来年代的建立，主要基础于武王伐纣之年(即西周之元年)和懿王的元年的确立：其他的年代依据这两个年代进行安排和调整。

质疑

自“工程”的《简本》公布以来，海外学者对此进行了三次规模较大的辩论，其中持怀疑和批评立场的似乎多于“工程”的拥护者。

互联网——第一次辩论

开始于 2000 年 11 月，通过互联网进行，其议论主题有政治性与学术性两类。学术性的则围绕夏朝的存在与否。工程不仅相信夏代的存在，还列出了夏代各王的世系表。对此，不少西方学者持怀疑态度。在西方有关中国古代史的教科书中夏朝只是传说中的一个朝代而非信史；而商朝被认为是中国的第一个朝代，这是因为甲骨文证明了商的存在。因此，有些西方学者批评“工程”想当然地视夏为商的前朝并定二里头（在河南省）为夏都，在目前情况下证据尚未充足。综合看来，支持“工程”的学者的依据主要有四：其一，河南西部和山西南部是周代文献认为的夏人的中心地区，而这个地区的二里头文化最有可能是夏文化的代表；其二，二里头遗址发现了宫殿基址，表明已经有了国家的存在。其三，碳十四测年结果表明，二里头文化的时间在商代之前。其四，既然司马迁所论的商朝被证明是信史，那么，他所说的夏也应当是信史。一些西方学者则认为，周代文献中论述的夏人的活动很可能是周人出于政治目的而编造的，不能尽信。再则，二里头文化的水平还不足以证明“文明”（一般指有文字、城市、政府、贫富不均的社会）的发生，“除非我们能够在二里头发现文字、青铜器和车等，或者任何文明的标志，否则史前和历史时期的基本分界线还将是商。”至于司马迁《史记》的可信性，——海外学者反驳说，《史记》也提及商的第一个王是他的母亲踩到一只大鸟的脚印而受孕以及有关黄帝、尧、舜、禹等超自然行为，难道这样的记载也能视为信史吗？

面对面的交锋——第二次辩论

2002 年 4 月 4 日至 7 日，美国“亚洲学协会”的年会在美国华盛顿召开。会议专门邀请了“工程”的学者来美讨论。中国方面参加会议的是“工程”的专家组组长李学勤、考古学家张长寿、碳十四专家仇世华、天文学家张培瑜。这场讨论中心问题一直围绕“工程”的西周年代学研究。不少海外学者以口头的和书面的形式对“工程”的结论提出了疑问。下举数例：一，“分野”的理论晚出，很可能出现在东周时期列国形成之后，西周时就有“鹑火”与周相搭配的观念是不可能的，因此，不能以晚出的理论用于西周时期。二，青铜器《利簋》铭文中“岁鼎克闻夙有商”的“岁”字更可能做“年”讲，并非指“岁星”。三，“工程”否定公元前 1044 年而选定公元前 1046 年为克商年代的天文学依据是不符合王国维对于金文中月相的“四分法”，而“四分法”则普遍得到学者的认同。四，“工程”不依靠《今本竹书纪年》有关西周年代的记载，一味断定其为伪造，而学术界对其真伪尚未有定论。五，“工程”使用的碳十四计算程序仅有 68．3%的置信度。六，“工程”对一个晋侯墓的碳十四测量得出若干个差距较大的数据，而“工程”在不同的论文中使用了不同的数据，这似乎有漏洞。

另外，一些海外学者对“工程”的学术道德产生怀疑。如：芝加哥大学的 Edward Shaughnessy 教授提问说：“公元前 899 年周懿王‘天再旦于郑’的日蚀是《简本》的关键年代之一，中国国内的报纸、电视均作了广泛的报导。然而，在国外，早已经有人指出这个日蚀及其对西周年代的意义。一些海外学者觉得《简本》完全没有提到国外学术成果是缺乏一定的学术道德的。”另外，通过天文学研究而将武王伐纣的年代定为公元前 1046 年是美国学者 David Pankenier 在上世纪八十年代初提出的，而《简本》对此只字未提。Shaughnessy 的批评是有道理的。我们知道，甲骨文专家董作宾早就指出“天再旦”是发生在天明时刻的日蚀现象，并将此一天文现象发生的年代定为公元前 966 年。后来，韩国学者方善柱在 1975 年发表的论文中进一步指出，公元前 966 年有误，正确的年代应为公元前 899 年。

由于华盛顿会议的时间有限，与会的“工程”学者未能对以上所有的问题作充分的解答，但李学勤强调，“工程”的学术观点不受政府的支配，完全由学者决定。他坚持“工程”施行“民主集中制”是有必要的，因为“我个人从来认为，科学真理有时掌握在少数人，甚至个别人手里”。至于“天再旦”的问题，李学勤解释说，《简本》篇幅有限，未能将前人的工作一一罗列。张培瑜则承认对“天再旦”的报导有不妥当之处。

仇世华对碳十四方面的背景知识提供了进一步的介绍和解释。

芝加哥大学——第三次辩论

4 月 12 日这次辩论的热烈和效果远远超越前两次，甚至出现了惊人的辩论高潮。批评“工程”的学者中，最值得介绍的是现任斯坦福大学宗教文化中心兼职研究员的蒋祖棣。他向会议提交了一篇题为《西周年代研究之疑问——对夏商周断代工程方法论的批评》的文章(以下称为《蒋文》)。《蒋文》最重要的内容是讨论“工程”对“武王克商”年代的研究。《蒋文》作者注意到“工程”使用的是 OxCal 系列样品程序，他特地向牛津大学求得这一程序，并以此验算了“工程”发表的、为数不多的碳十四数据。结果，他算出的年代置信范围远远大于《简本》公布的“拟合”数据。《蒋文》介绍说，OxCal 程序系列样品计算法，虽可获得较窄的置信区间，但只有 68．2%的置信度；此计算程序的精确度备受国际碳十四学者的批评。“工程”以这样低的置信度作为衡量西周具体王年的标尺很不科学。

“工程”为何不使用置信度已达到95．4%或99．7%的其他方法呢?《蒋文》分析说，其原因是后者的置信范围比前者增多一、二百年，从而达不到“工程”领导规定的“碳十四年代数据的精度，要达到正负二十年左右”的要求。而挑选置信范围小的计算法可以将武王伐纣的年代压缩到几十年内，从而排除44 种说法中的大部分。也就是说，“工程”为了排除更多的观点，宁愿牺牲其方法的置信度。

《蒋文》又指出，“工程”依据的 OxCal 程序的系列样品计算法不代表国际公认的树轮校正法。国际碳十四专家已指出这一算法的过程中夹杂了人为加工的成分，所得到的年代并不准确。其人为成分是指在计算中碳十四专家需要考古专家提供考古的“系列样品”，即一组分期明确而又有每一期的上限年代和下限年代的考古样品。而考古学家很难提供如此精确的样品，勉强为之，则带有很大的猜测或人为成分。《蒋文》以“工程”在沣西的考古报告为例。“工程”的断代方法将沣西各个文化层以西周各王为名称，如：第一期是“文王迁丰至武王伐纣”，等等，这样的断代法称为“间隔的”。而《蒋文》作者本人曾在沣西主持过考古发掘，其报告在 1992 年公布。他所用的断代方法称为“渐序的”，就是将各个文化层以大概的年代范围标出，如：第一期是“先周期”。二者的区别在于“间隔法”要求各期在具体年代上有明确的上下界限，相邻各期在时间上必须彼此断开，不能有交错；而“渐序法”则没有这样的要求，只标出笼统的王朝的早中晚期。《蒋文》强调，在商周考古中，“工程”的“间隔法”非常不实用，因为出土的陶器、谷物、木头等物品并非随新王的即位而改变。再者，从某下层取出的样品并非肯定代表这一层的年代。比如：做棺材的木料可能在过去就已经准备好，并非在死者去世的那年砍伐的；因此它的碳十四数据就不能视为它隶属的那个文化层。

《蒋文》的结论是，“工程”所谓的“多学科研究”的创造，主要还是用非文字证据的研究来解决西周年代问题。而考古地层的划分、出土陶器的分期以及年代误差有数百年的碳十四技术，对史前考古很有帮助，根本不能应用在需要具体年代要求的西周年表的研究方面。从学术角度看，《蒋文》对“工程”的批评有理有据，是非常客观的。“工程”所犯的错误，不是某个学术观点上的，而是方法上的，是致命的。

在会议上，蒋祖棣向与会者（李学勤缺席，他在华盛顿会议之后便回国）口头介绍了他的文章的主要观点，并以自己带去的计算机和 OxCaI 序列程序当场对“工程”公布的碳十四的若干数据重新进行验算，结果明显与“工程”的有差距。仇士华对蒋祖棣提出的问题表示认同，并表示他个人也对《简本》的碳十四数据持有疑问。张长寿也明确表示他个人同意蒋祖棣对于沣西考古分期的意见。在场的 Shaughnessy 教授为之大震，他拍案问道：既然如此，建立在碳十四与沣西考古的基础之上《西周年表》还站得住脚吗？参与会议的张立东(曾任“工程”的秘书，现为芝加哥大学的博士生)将会议内容介绍在国内的 2002 年 5 月 24 日的《中国文物报》上，其中对“工程”专家同意蒋祖棣的观点也做了报道。报道立刻在国内学术界引起轩然大波。两个多月后，《中国文物报》于 8 月 16 日刊登了一篇题为《美国之行答问——关于“夏商周断代工程”》的文章，是作者苏辉采访有关专家后写的，声明张立东的报道不符合事实，“在关键环节上引起读者的误解”。如，依据苏辉，仇士华回忆在芝加哥的会议情况时说：“蒋祖棣要求当场用计算机验算数据，根据我提供的条件，结果发现只相差一年，我笑道：‘再算一遍有可能相差二年，但这都在误差允许的范围内，并不能说明什么问题。’”为了判断两种完全相反的报道孰是孰非，本文作者电话采访了几位当时参加芝加哥讨论会的海外学者。他们都说自己亲耳听到仇士华表示同意蒋祖棣的意见，而且还为仇世华的这种不严肃的态度感到惊讶。

无独有偶，被《蒋文》批评的《97 年沣西发掘报告》作者徐良高也有类似的表现。徐氏在最近的《中国文物报》上，申辩他在报告中使用的分期术语是“年代约相当于”某王时期，而《蒋文》在引用时，“均将之删去”。为此，笔者特地核实了《发掘报告》，原文是：“第一期：我们推定其年代为文王迁丰至武王伐纣，”第二期：“我们推定其时代为西周初年武王至成王前期”。故《蒋文》引文完全忠实于原文。从仇世华不认自己在讲座会上的发言，到徐良高不承认已经发表的文字，我们怀疑“工程”的一些主要学者的治学能力和态度。难怪有人在《文物报》的网站上评论说，“他们连最近发生的事情都说不清楚，对‘三代’（夏商周）的事又怎能说清？”

思考

《蒋文》和张立东的报道在国内学术界引起了很大反响。《蒋文》也正在得到越来越多的海内外学者（包括“工程”的参加者）的支持。此文现已被中国考古学会会长、德高望重的考古学家宿白先生选入由文物出版社出版的《宿白先生八秩华诞纪念文集》之中。由于《蒋文》的批评，“工程”召开了数次有关西周年代的会议，商量如何回应，但至今未能拿出有效的方案。据国内知情者透露，在学术上，“工程”内部已无力回击《蒋文》的质疑（这一点我们已经可以从仇世华和徐良高的回应文字中看出来了）。其实，《简本》中的很多内容，并不是“工程”学者的共识，他们尤其对《西周年表》的制定持有异议。因此，在 2002 年 8 月底（即芝加哥会议之后的四个月）召开的讨论《繁本》的专家会议上，不少与会学者采取了慎重的态度，他们公开要求对每个学术上有争论的问题都列出各种不同意见。由于学者们的这一主张，已经大致写好的、仅代表一家之言的《繁本》未能获得通过，致使“工程”自启动以来首次搁浅。笔者认为，“工程”学者这样的态度是负责的，符合学术规范的。

平心而论，“工程”并非完全失败，参加“工程”的某些学者个人的研究就获得了很好的学术成果，如天文学家张培瑜等。但是，《简本》的确存有这样或那样的学术硬伤，在这些问题解决之前，其观点肯定不会被学术界普遍接受。还有，我们知道，包括埃及在内的古代文明的年代学，主要依靠国际学术界共同的努力而建立的。“工程”既然是一个与国防无关、难度很高的文化项目，就应该邀请国际有关专家参加，起码要听取他们的意见和建议。“工程”没有这样做，而是闭门造车。“拟合”的具体过程至今没有公开，所公布的碳十四数据也仅仅是一小部分公开。另外，对“工程”成果的审核，也没有任何海外的专家参加。如此搞出来的年表，怎么能让国际学术界接受？

笔者仔细读过一些海外学者批评“工程”的文章，尤其是预言“工程”报告将会被国际学术界“撕成碎片”的 Nivison 教授的文章。他是美国汉学界研究中国古代年代学的领头人，并创立了一种新的年代学理论，前文提到的 Shaughnessy 就出于他的门下。笔者注意到，Nivison 完全是从学术的角度讨论问题，在每一个问题上都有文献材料或者金文、天文学的证据。他曾多次表示他的不同意见，但皆被“工程”忽略了。他指出，“工程”结论之所以站不住是因为“工程”在众多不同的解释或观点之中挑选一种而排除其他，而在排除时，没有提供足以令人信服的理由与证据。Nivison 的感受并非孤立，最近日本学者成家彻郎发表的文章也谈到“工程”对他提出的疑问置之不理，成家并且以实际的例子指出“工程”学者“忽视不利的(文献)资料”，“改变不利的(金文)记述”等。也就是说，无论是身为华裔的蒋祖棣，还是美国的 Nivison 以及日本的成家彻郎，他们都是学者，都是本着严谨的治学态度来对待和衡量“工程”的结论的。虽然他们的批评使“工程”未能实现其原定的目标，但他们的工作是有积极意义的，体现了学术容不得半点虚假的态度。

到目前为止，虽然《繁本》还没有通过，但《简本》已经在社会上造成了一定的影响。如，《夏商周年表》就已被《辞海》和一些字典采用，而且也要写入中、小学甚至大学课本。近期还有中学教师在出高考的模拟考题时，将《夏商周年表》视为惟一的正确答案。如果《繁本》的内容未经修改而强行通过，其错误的观点将被社会视为定论而全部接受，必将误导中华子弟。如果“工程”发扬严肃的治学态度，不仅不会改变人们已经形成的中华民族有着悠久文明的看法，而且有助于民族自豪感的提高。

附件 5

西周年代研究之疑問（摘要[1]）

——對夏商周斷代工程方法論的批評

Question on Studies of Western Zhou Dates (Abstract)

——A Criticism on the Reconstruction of the Chronology of Xia-Shang-Zhou Periods

蔣祖棣 (Jiang Zudi)[2]

許倬雲按語

“夏商周斷代工程”為中國古代史研究園地引人注目的事件。最早發軔此事是出於中共負責科教工作的高級官員，有鑒於埃及古史有相當詳確的諸王年代，遂以為中國古史也應可有詳細的斷代，這一構想落實為 1996—2000 間進行的“夏商周斷代工程”研究計畫。還在籌畫階段時，許多資深學者都指出這一“工程”會遭遇的困難。基於學術嚴謹的工作態度，不少學者都提出了意見。以為古代史的年代不易明確，過分求其解，不僅失當，或者難免穿鑿。然而在政府撥了鉅款支援之下，“工程”進行了四年，

---

1 《漢學研究通訊》，21：4（總 84 期），第 1-4 頁，國家圖書館，臺北，2002 年 11 月。本文全文將在近期發表在文物出版社出版的《宿白先生八秩華誕紀念文集》上。

2 作者 1982 年起在北京大學商周考古教研室任教。1990 年獲博士學位，指導教師為北京大學鄒衡教授和哈佛大學張光直教授。作者現為英代爾公司設計技術部高級工程師，斯坦福大學亞洲宗教文化中心（Asian Religions and Cultures Initiative, Stanford University）兼職研究員。

並於前年推出了成果報告的簡本。報告問世，在國內國外都引起強烈反應。今年四月初，在美國舉行的亞洲研究學會年會上，中外學者質疑問難，在場的主持人及工作人員未能提出令人信服的回答。亞洲研究學會年會之後，關心的中外學者及“工程”工作人員又在芝加哥大學舉行更為具體的討論。當時我已返台，遂坐失聆聽的機會，深為遺憾。嗣後取得有關對話的記錄一讀，對於蔣祖棣先生提出的檢討十分欽服。蔣文提出的論點指出“工程”運用碳十四斷代及西周灃西遺址陶器分期，都有著意扭曲史料，強求適合預設結論之處，難免落了“強不知以為知”的學術大忌。蔣氏已向《中國文物報》投稿，該刊並已登載數篇與蔣文商榷的文章，而蔣氏的意見則至今未見刊佈。大陸以外的中國古代史同仁至今未有機緣瞭解“夏商周斷代工程”的成果實情。此處只是蔣氏討論原文的節要，我們相信蔣氏討論文章終將問世，僅拭目以待。這一事件，本來可以完全為學術性的討論。亞洲年會上的討論，美國學者強力堅持其自己提出的“一王二元年”主張，也未必令人信服。中國政府支付鉅款，支持學術研究計畫，並不逾越世界學術界一般情形；而且斥資支援研究的單位，也並未要求得到預設結論。這次事件的問題所在，可能是執行“工程”人員，求功心切，遂致扭曲資料，強求結論，難免操切之處。但願中共當局不護短，不掩過失，讓學術問題留在學術領域，毋以“欽定”方式，強力推銷，作為官訂年代。

西周年代研究是中國史學研究中一個十分經典的議題。歷代皆以研究文字證據（文獻或金文）作為建立完整西周年代學的途徑。長期以來，隨著研究的不斷深入，學術界在西周年代各主要議題上皆有爭議。其中關於武王克商之年就有四五十種不同的觀點。2000 年 10 月，夏商周斷代工程（以下稱工程）終於宣佈，工程“對商王武丁至帝辛(紂)諸王、西周武王至厲王各世，給出了年代”[3]。因此，中國史學討論了兩千多年的西周年代學的問題似乎已經得到了解決。工程專家反復申明：“多學科研究”是工程取得成就的途徑。為推求工程的年代研究結論是否可靠，本文對工程與西周年代有關的“多學科研究”按其學科展開了討論。這包括對工程在古代文獻、古代天文、紀日金文和金文曆譜、碳十四測年以及商周考古界標等五個方面的工作進行了分析和總結。

古代文獻 由於近年尚無新的、較完整的周代紀年文獻出土，工程的研究還要以舊有的文獻為基礎。但是，工程並未明確回答關於文獻資料的一些最基本問題。譬如：文獻的真偽問題是否依然存在？如何對其加以取捨？對所謂古文和今文文獻是否應與甄別？怎樣看待今本《竹書紀年》？文獻中有關紀日的資料是否彼此間存在真偽、可靠程度的區別？等等。對文獻的甄別，或對近世文獻研究成果的整理，工程雖立專題，尚無結果。對文獻的取捨、紀日資料的選用，並沒有建立經過研究的統一規範。因此，工程對文獻及其紀日資料還談不上有系統的把握。更無從談及根據文獻資料建立新的年代序列。

古代天文 工程根據古本《竹書紀年》“天再旦于鄭”的記載，確認了韓國學者方善柱在 1975 年提出的、懿王元年相當於西元前 899 年的結論（工程《簡本》沒有提及方善柱似乎並不妥當）。再者，工程專家張培瑜根據現代天文學計算編制建立了《中國先秦史曆表》。不過這些研究尚不足以建立完整可靠的西周年代。而工程對西周曆法的整理，卻忽略了顧炎武、閻若璩、顧棟高等清儒有關“古人三正並用”等曆法研究成果，簡單地以周正對紀日資料進行綜合研究。這樣的研究，可能曲解了周代天文和紀日行為的實際情況，並且增添了對周代紀日資料認識的混亂。

紀日金文和金文曆譜 紀日銘文研究最有可能對西周年代學產生突破，因此多年來都是諸家必爭的領域，本文分析了諸家對銅器銘文中王年、月份、月相、日期等討論年代的基本尺度的見解，指出諸家在這些關鍵問題上的對立相當明

---

[3] 見夏商周斷代工程專家組:《夏商周斷代工程 1996-2000 年階段成果報告（簡本)》，北京，世界圖書出版公司，2000 年 10 月。以下稱為《簡本》。

顯。在這些問題上，工程的研究並沒有促成任何懸而未決的問題達成統一。由於討論年代的尺度不一，金文曆譜的推定便是一廂情願。因此工程《簡本》明言其金文曆譜“只能是一個西周王年表”。這說明工程在年代研究並無真正的“金文曆譜”可尋，完整的西周年代學尚不能從紀日金文的推演中得到建立。

以上三個題目的分析結果表明，工程在傳統文獻和紀日金文的研究上並沒有明顯的突破，甚至沒有就任何主要爭議提出過獲得公認的解決方案。古代天文的研究，也暫時無法對西周年代的討論有系統的幫助。這樣，工程所謂“多學科研究”的創造，主要還是用文字證據以外的研究來解決西周年代的問題。因此本文圍繞以下兩個題目，著重分析了工程通過非文字資料對西周年代學進行的研究。

碳十四測定 測定由考古發掘所獲的木碳等樣品來推訂考古發掘品的相對年代，是田野考古發掘和研究的常見步驟。不過由碳十四技術所限，對一個三千年前的樣品的測試，誤差範圍會超過百年。因此碳十四測年資料是否能夠用來討論西周具體王年當然是個問題。

依照《簡本》，工程專家在將碳十四資料轉換為日曆年代的計算中，均採用了牛津大學 OxCal 程式的系列樣品演算法。《簡本》所公佈的年代資料，也均是具有 68％置信度的日曆年代範圍。

為核實工程碳十四的有關計算，筆者下載、安裝了包括 OxCal3.5、CalPal（丹麥格羅寧根大學），Cal2.5（德國科隆大學），Calib4.3（美國華盛頓大學）等國際流行的計算程式。通過對比計算我們知道，工程在碳十四上的所謂“擬合”創造，就是用 OxCal 程式的系列樣品演算法，把考古人員關於考古分期和年代的推論加入了碳十四的校正運算，從而使算出的日曆年代範圍比使用一般國際標準的校止法計算所得的資料小一半以上。

工程使用這樣的碳十四年代資料來討論西周具體王年顯然不是恰當之舉。

首先，工程碳十四校正所依據的 OxCal 程式的系列樣品演算法，並不能代表碳十四領域獲得公認的樹輪校正法。而國際上通常使用的都是不同於系列樣品演算法的單一樣品演算法。

第二，工程使用的 OxCal 程式系列樣品演算法在碳十四研究領域倍受爭議。國際碳十四界有關專家對它的批評是：該演算法本身包含了人為加工成分。人為加工成分在兩個樣品形成系列的計算中就已經不可避免。雖然系列樣品計算所得出的置信區間較小，但準確性也隨之降低[4]。

第三，由於工程的系列樣品計算必須以考古資訊作為排序的依據，這樣的計算也很難避免來自考古的人為的年代推斷錯誤。譬如，由於工程“商－周考古界標”的明顯錯誤，以此為據的系列樣品計算就包含了來自考古的錯誤的資訊，其“克商年範圍為西元前 1050－前 1020 年”的年代結論就更加靠不住。

第四，工程的所有碳十四資料的置信度僅為 68%。而工程《簡本》以此為依據來討論西周王年，就等於把碳十四資料的不確定性轉移到了歷史研究之中，其研究的可靠性還要再打折扣。

最後，工程並沒有因為前面這些已知或可能的原因而把“擬合”資料僅用來作研究的參考，或者把這樣的計算結果做為西周年代研究的一家之說，而是把碳十四計算所得的資料作為衡量是非的尺規，對千百年來有關歷史文獻或研究進行剔除。對於一個有組織的學術研究，工程創造和使用這種方法似乎過於冒進，對前人的研究也不夠尊重。

商一周考古界標 該界標是工程碳十四專家進行“克商年”計算的依據。而工程碳十四專家計算後得出的“克商年範圍為前 1050－前 1020 年”的結論，又是工程衡量以往克商年研究的是非標準。因此該界標能否成立，顯然是工程有關西周年代研究是否能成立的關鍵。

所謂“商一周考古界標”，就是工程有關考古人員對 1997 年灃西考古發掘所獲陶器的分期，以及對六期陶器的第一期（文王遷豐至武王伐紂）和第二期（武王伐紂至成王前期）的絕對年代的推訂[5]。本文以筆者 1986 年所做的豐鎬

4 Peter Steier and Werner Rom, *The Bayesian Statistics For ^{14}C Dates of Chronologically Ordered Samples: A Critical Analysis*. Radiocarbon, Vol. 42, 2000. pp. 183-198.

5 中國社會科學院考古研究所豐鎬工作隊：《1997 年灃西發掘報告》，《考古學報》2000 年第二期，北京，考古雜誌社，199-256 頁。

遺址陶器分期[6]為對照，全面討論了 1997 年灃西陶器年代的推斷，即所謂“商—周考古界標”的研究。

首先，筆者 1986 年陶器分期的年代研究，是以考古陶器年代研究中常見的“漸序”法為基礎的。所謂“漸序”，就是允許相鄰的前後兩期在時間上重疊，如西周中期為一期，西周中期偏晚為一期等。而“商—周考古界標”的研究，卻使用了陶器分期研究中僅見的“間隔”法，也就是不允許各期在時間上重疊。如武王伐紂前為一期，武王伐紂後為一期。由於“界標”研究者無法證明武王伐紂時豐鎬地區的周人曾對陶器進行過徹底的破舊立新，對日用陶器施行“間隔”在實際上並不能成立。“商—周考古界標”所基於的這種年代研究法明顯地有違常理。

其次，依照工程的有關材料，“商—周考古界標”兩期所代表的年代分別為十二年和十五年。這在中外考古學以地層學、類型學為基礎的陶器年代研究上又是獨創而無任何先例。這在考古學方法上也甚難成立。

其三，“商—周考古界標”無視有關豐地和文王遷豐的文獻記載，冒然以文王遷豐為灃西陶器等考古遺存的年代上限。而“商—周考古界標”的年代下限為“成王前期”的推斷，更是在考古研究法中毫無憑藉，出現了明顯的穿鑿和牽強附會。

其四，“商—周考古界標”第一期代表的地層中所出的一批碳十四樣品，其年代資料有早有晚，上下之間代表了一百年以上的可能範圍。這又與該期“文王遷豐至武王伐紂”這十二年的年代推斷不合。

最後，由於研究者刻意雕琢“商—周考古界標”，以致該項研究出現了第一期代表十二年，第六期代表一百零八年的“以一當十”之勢。這樣的年代安排，是研究者自己把自己置於了矛盾。

從以上考古理論和方法論、文獻、豐鎬遺址以往的工作、碳十四測定、甚至 1997 年分期本身的安排等方面，所謂“商—周考古界標”的年代推斷包含了

---

6 蔣祖棣：《論豐鎬周文化遺址陶器分期》，北京大學考古系編《考古學研究》(一)，北京，文物出版社，1992 年 10 月。256-286 頁。

明顯的錯誤。而“界標”研究者用心之良苦，就是為了滿足工程碳十四系列樣品計算所需的各期上、下限，以及每個樣品與確定的王世的關聯等“考古資訊”，但卻在考古年代研究中形成了少見的、明顯的穿鑿。

本文的結論是：工程對文獻、紀日金文等文字證據的研究中多年未解的眾多疑問或爭執少有獲得公認的解決方案，在考古和碳十四測年的方法及年代推斷上卻多有由冒進造成的穿鑿。工程關於西周年代的結論，當然不是可靠之論。

附件 6

关于《如何看待与使用系列样品 ^{14}C 年代校正方法》[1]

蒋祖棣

《中国文物报》6 月 21 日刊登了郭之虞、马宏骥两位先生的《如何看待与使用系列样品 ^{14}C 年代校正方法》（以下称《马文》）。该文是专门为回应笔者的《西周年代之疑问——对夏商周断代工程方法论的批评》一文（以下称《蒋文》）中有关 ^{14}C 测年的问题而作的。笔者的文章尚未发表。不过笔者要感谢两位先生的回应。因为只有通过这些讨论，我们才能对 ^{14}C 在断代工程和年代学研究中的位置有深入的了解。这样的了解，也有助于读者对夏商周断代工程的方法和结论做出正确的估计。

《马文》作者表示，《蒋文》有三个问题直接针对夏商周断代工程的 ^{14}C 工作。《马文》即是“针对蒋先生出的题目，……进行简要的说明”。作为问题的提出者，笔者愿意借此机会，就自己所提出的、与工程碳 ^{14}C 工作相关的问题，谈谈对《马文》的意见。本文以下的三个题目，不仅是《马文》所言“蒋先生出的题目”，也是蒋文的原文表达。

---

[1] 2002 年 7 月，未刊稿。2002 年 6 月 21 日，《中国文物报》刊载了郭之虞、马宏骥《如何看待与使用系列样品 ^{14}C 年代校正方法》一文。该文引言称蒋文有三点“直接针对我们的工作”，因此“不妨对蒋先生出的题目，尝试对该方法的基本概念，进行简要的说明”。文章刊出后，郭之虞先生给笔者寄了复印件，邀请笔者回应。该文即是笔者读到郭、马二位先生此文两周之后，以电子邮件和信件方式寄给《中国文物报》的回应文章。可惜《中国文物报》拒不发表笔者的这篇文章。笔者多次去函催促发表，或请告知不予发表的原因，但该报皆不回答。这里也将此文公布。

一、工程 ^{14}C 数据所依据的 OxCal 系列样品算法不能代表获得公认的 ^{14}C 树轮校正方法

对这个问题《马文》的回应是："就 ^{14}C 校正的算法而言，并不存在什么国际标准"。

这是一个令人吃惊的说法。这种说法出于自然科学工作者对自己工作方法的描述就更令人吃惊。试问：哪一种自然科学的方法不存在国际标准？又怎么根据一个没有国际标准的方法，得出足以获得公认的科学结论呢？

^{14}C 数据的校正计算没有标准，是否就是你可以这样算，我可以那样算呢？如果是，那么《简本》所公布的 ^{14}C 年代数据，是否还会因为计算者不同而出现不同的结果呢？如果不是，又没有国际标准，那么究竟谁的计算算数呢？

以笔者所知，就 ^{14}C 树轮校正的算法而言，还是存在国际标准的。《马文》中也谈道："国际上通用的树轮校正曲线主要有 86 版、93 版和现在普遍使用的 98 版。"这些树轮校正曲线不是校正计算的国际标准又是什么呢？再者，《马文》谈到的"统计误差"或称置信度，在 ^{14}C 的校正计算中似乎也不是可有可无。可见 ^{14}C 校正的算法，还是应该有标准的。

《马文》说："在夏商周断代工程中，我们大量采用了系列样品 ^{14}C 的方法，目前这在国际上尚不多见。"这大致无异于《蒋文》所说"工程所使用的系列样品算法不代表公认的 ^{14}C 校正方法"。那么，什么是"国际上多见"的、或者"公认的 ^{14}C 校正方法"呢？《蒋文》列举了包括 ^{14}C 常规算法（单一样品算法）在内的四种程序，这些都是国际上比较常见的 ^{14}C 校正程序，都是对单一样品的校正计算。其中美国华盛顿大学的 Calib 程序，更有全世界两千多个考古单位、实验室和专业人员为其注册用户。采用该程序进行碳十四校正的例子在国际考古界内无法尽数。把这样的校正程序称为获得公认的 ^{14}C 校正方法当不为过。

除了这样的程序之外，大多数对单一样品的校正计算的其他程序也可以作为计算的标准。因为在使用同样校正程序、树轮校正曲线和置信度的条件下，

对同样一批 ^{14}C 数据的校正计算，也就有了一个起码的尺度，至少计算的方法和结果不至于因人而异。当然，这不包括加入考古信息的系列样品计算。因为对一组系列样品的考古信息可能有多种不同处理，计算结果也会因人而异而无法确定。这样的计算，当然谈不上有什么标准。在这个意义上，如果说系列样品算法不存在国际标准或许是可以的。系列样品的计算缺乏标准，计算结果因人而异——这正是笔者所质疑的、工程 ^{14}C 年代数据的一个显而易见的缺点。

我们不妨以工程 ^{14}C 专家对系列样品算法的实际运用，对该算法缺乏标准，因此计算结果因人而异略加说明。在去年美国《放射性碳》杂志第 43 卷上一篇关于曲村晋侯墓地 ^{14}C 年代校正计算的文章中（以下称《晋文》），包括郭、马二位在内的五位工程 ^{14}C 专家，对晋侯墓地九座墓的十四个 ^{14}C 数据，用 ABC 三种不同的模式进行了计算。三种模式，实际上就是人为设定的三种不同计算标准。因为计算的标准不同，计算结果当然也就不一样。举例来说， 出于 11 号墓的三个 ^{14}C 数据，在 A 模式中，被五位专家置于晋侯第五期（献侯期）进行计算，在 C 模式中，又被五位专家放在晋侯第七期（文侯期）进行计算。由于使用了系列样品计算，同样五位工程 ^{14}C 专家对 11 号墓同样三个 ^{14}C 数据的计算，却得出了公元前 824-前 792 年（A 模式）和公元前 800-前 768 年（C 模式）的不同结果。多数年代学研究者或许对算法本身不感兴趣，不过他们究竟应该从同一篇研究中相信哪个模式的计算是对的？或者究竟应该为 11 号墓选择哪一组日历年代数据为好呢？

工程使用的系列样品算法，最大缺点就是多出了若干难以确定或难以把握的计算变量。计算中系列样品的变量可以这样设置，也可以那样设置，计算的结果也因此各异——五位专家在同一篇文章中对同样的一组样品都可以算出完全不同的结果，要是换一批专家进行计算，算出与工程公布的年代数据不一样的日历年代范围几乎是无法避免的。由于夏商周断代工程所用的 ^{14}C 年代数据全都出自系列样品算法，工程的年代结论，是不是可能因为所依据的年代数据不够确定而不够可靠呢？

二、国际 ^{14}C 专家已经指出，OxCal 程序的系列样品算法包含了人为加工的成分

《蒋文》所指，是维也纳大学原子物理和同位素研究所的 ^{14}C 专家 Steier 等人在美国《放射性碳》杂志 2000 年第 42 卷上，对贝叶斯统计方法在碳十四年代校正上的应用，即 OxCal 程序系列样品算法的批评文章（以下称《S 文》）。

《马文》回应一：“值得指出的是，该文发表时，作者是维也纳大学物理系的在读博士研究生，还未挤身国际 ^{14}C 界的知名专家。”

这又是一个令人吃惊的说法。没有获得博士学位、“还未跻身国际 ^{14}C 界的知名专家”竟成了学术争论中“值得指出”的论据！笔者不愿意在学术讨论中重复那些“小人物”也可能掌握真理的老生常谈。只是惊诧这种对“小人物”的轻蔑竟从私下议论直登大雅之堂。远的不说，人们能否用同样逻辑，根据工程 ^{14}C 专家中有几位博士、有几位算得上国际 ^{14}C 界的知名专家来对工程 ^{14}C 研究加以评判呢？

实际上，就 OxCal 系列样品算法的问题，《S 文》作者与 OxCal 程序作者，牛津大学 Bronk Ramsey 先生的讨论从 1997 年就开始了。他们之间就此持续数年的电子邮件、传真和面对面的讨论，至少可以说明讨论双方对系列样品算法的问题都是严肃认真、不存在彼此歧视的。

《马文》回应二：“Peter Steier……所举的例子恰好是树轮曲线的平台段……这显然是一个不恰当的例子。”

这里《马文》作者可能浏览《S 文》时有些匆忙，忽略了《S 文》中特别谈到的、怎样就树轮曲线的平台段（“flat” case）和非平台段（“linear” case）对系列样品算法进行模拟验算的一段。在《S 文》中一共列举了十个表，除《郭马文》所谈到的所谓“平台段”例子的表五，其他九个表的分析用的都不是所谓“平台段”例子。正是根据这些“平台段”和“非平台段”的综合分析，《S 文》才这样描述验算的结果：“我们所论证的这些问题存在于校正曲线的任何区

间。人为加工在仅两个样品的计算中已经存在，在大系列的样品计算中尤其明显。”

甚至遭受批评的 OxCal 程序的作者 Bronk Ramsey 先生，在对《S 文》发表评论中，也承认《S 文》的分析是合理的。他在结论中说到：

> Steier 和 Rom 的文章着重强调了贝叶斯分析法选择先验概率的一个潜在的问题。作者从系列上证实了这一点。当然从数学上讲，这个问题在任何类别的事件中都存在。这个问题多年来在一定程度上已经得到考虑、不过还需要进行讨论，因为这个问题在实践中常常被忽略了。作者正确地主张，那些准备进行这类分析的人员，应该寻求帮助。

由此可见，倒是《马文》把“平台段”作为唯一证据强加给《S 文》的作者，才是不够恰当、不够公正的。

为了便于读者了解《S 文》和有关系列样品算法的讨论，笔者不妨再举一个例子：《放射性碳》杂志在刊登《S 文》时，以《贝叶斯方法：什么是所得和所失？》为题发表了编者按。其中说到：

> 这篇文章显示：贝叶斯分析法并非“万金油”。它起码要为先验概率的确定付出代价。在甚至我们并没有做任何明显假设的情况下也不可避免。正如该文所述，其中也许还有隐藏的因素存在。

总之，《马文》对《S 文》的否定似乎过于简单和操之过急了。而与其直接相关的《放射性碳》杂志编辑，甚至遭受批评的 OxCal 程序的作者对《S 文》却有严肃、冷静和比较中肯的评价。他们的意见，都没有否认贝叶斯方法即系列样品算法所存在的人为加工的问题。笔者相信，如果郭、马二位先生要就 OxCal 程序系列样品算法是否存在人为加工成分，到《放射性碳》杂志上发表文章对《S 文》进行讨论，《放射性碳》杂志和《S 文》作者一定会表示欢迎的。

三、工程的 ^{14}C 年代数据只具有 68%的置信度，不能以此作为讨论西周具体王年的尺度

《马文》并没有对该问题做直接的回应。而是就碳十四基本概念进行了长篇说明。

郭、马二位是 ^{14}C 专家，笔者要感谢他们的说明。因为对 ^{14}C 基本概念加以说明，对于有多学科参与的年代学的研究是十分必要的。我们注意到，工程历史专家的研究，多次用具有 68%置信度的 ^{14}C 年代数据作为确立西周的具体王年的证据。工程的《简本》报告第 18 页的表六甚至不加说明地把仅有 68%置信度的年代数据和《史记•晋世家》进行对照和互证。这显然是混淆了 ^{14}C 校正年代范围和真实历史年代的区别。

我们都知道：^{14}C 数据的校正年代都是有置信度的。同样一个 ^{14}C 数据，选用 68%（1σ）、 95% （2σ）或 99.7%（3σ）的置信度，其校正年代范围是大不一样的。68%置信度的日历年代范围较窄，置信度越高，校正年代的范围就越宽泛。这说明，^{14}C 数据的校正年代范围是有一定条件的，校正年代范围的宽窄并非完全确定的。无视这些条件和不确定性，简单地、不加说明地用 ^{14}C 校正年代来讨论西周具体王年，把这些并非完全确定的数据和《史记》等文献所记载的真实的、确定的年代并列互证，甚至用置信度较低、校正年代范围较窄的数据作为尺度来评论和排除一些历史文献或历史研究的年代结论，而这些被排除的历史年代结论又都在相同 ^{14}C 数据较高置信度所代表的校正年代范围之内——这是一种相当武断的做法。这种对 ^{14}C 基本概念的误解和误用，是工程年代学研究方法的一个重大失误。

因此，笔者对《马文》强调 ^{14}C 基本概念的重要性是十分赞同的。除了基本概念，笔者还想趁此机会向工程的 ^{14}C 专家请教：专家们是不是认为：对于研究西周具体王年，使用 68%置信度的 ^{14}C 校正年代范围是否就足够了呢？如果不够，工程的简本报告的年代数据都仅有 68%的置信度是否妥当呢？如果够了，又怎

样从 ^{14}C 测年理论上，证明 68%置信度的年代数据可以和真实历史年代划等号呢？再者，为什么在《晋文》中，郭、马先生等五位专家又要用 95%的置信度，而不用 68%的置信度所代表的校正年代数据来讨论《史记》呢？

《马文》把《蒋文》对工程 ^{14}C 的质疑归结为以上三个问题。《马文》对这三个问题的回应是否恰当，我们且留给读者判断。实际上，笔者对工程 ^{14}C 的质疑还不止如此，甚至重点并非在此。由于《马文》并没有提到这些质疑的要点，笔者不如顺便重复如下，以期得到工程有关专家的解释或回应。

四、工程的系列样品算法还包含了来自考古的有争议的、甚至明显错误的信息

《马文》中曾举了一个关于游泳池中，五个人在一条泳道游泳的例子，对系列样品的算法进行了说明：“这里每个人的活动范围相当于置信区间，而五个人的顺序则相当于先验条件。先验条件的引入约束了置信区间的大小”。也就是说，所谓系列样品算法，就是在进行树轮校正的过程中，把所谓“已知考古年代信息”的若干 ^{14}C 样品排序进行计算，从而缩小校正年代的范围。

问题还是出在先验条件的设定上。因为这里的先验条件是 ^{14}C 样品的早晚顺序，它们的主要依据是考古分期，也就是考古学者根据地层学和类型学对陶器年代进行的分期研究。

由于陶器分期代表的是考古学者从地层和陶器出发对古代陶器年代的认识，这种认识就带有相当大的个性。尤其是根据陶器对各期绝对年代的推断，考古学家之间存在不同意见是很常见的。笔者曾带领北大考古系八〇级全班在曲村进行考古实习。在对西周墓葬发掘品的考古分期训练中，全班二十多位同学对同样一批墓葬陶器进行分期，却得出了十几种不同的、各有依据的结果。在考古学中，只要言之有理，考古学者是可以各执己见的。考古学者对一群遗物有不同分期意见是正常的。一种分期意见获得公认是需要一个过程的。对一种获得公认的考古分期进行修正或改造也不是不允许的。

除了在考古分期的具体意见上常常存在分歧之外，极少的考古分期意见还

可能是明显不合理的、带有无法解释的错误的。1997 年沣西考古分期就是中国考古学中并不多见的一个公开发表的例子。在《蒋文》中，笔者曾以自己 1986 年丰镐遗址陶器分期为对照，详细证明了 1997 年沣西考古分期，尤其是第一期（文王迁丰至武王伐纣）和第二期（西周初年武王至成王前期）的绝对年代的推断有明显错误而出现了穿凿。不幸的是，1997 年沣西分期的第一期和第二期的绝对年代，竟成为工程 ^{14}C 专家得出“武王伐纣之年在公元前 1050-前 1020 年之间”的基本依据。虽然工程有关专家尚未公布该年代结论的具体运算过程，但该年代结论基于错误的考古信息是显而易见的。

带着这些问题，我们再回头讨论系列样品的计算方法。既然工程的 ^{14}C 校正非要引入“考古信息”不可，那就需要有关专家说明：“考古信息”的引入有什么标准呢？什么样的考古学者所提供的“考古信息”算数呢？如果考古学者之间对“考古信息”存在争议又怎么办呢？在系列样品的计算中，是否有什么参数对“考古信息”本身的可靠性加以规定呢？还是所有被采用的“考古信息”都是 100%的可靠呢？最后，如果考古学者更改了对原有“考古信息”的认识，工程 ^{14}C 专家是否需要收回已经公布的校正年代数据，再根据新的“考古信息”重新计算和公布同一 ^{14}C 数据的不同计算结果呢？

五、工程用包含众多问题的年代数据作为评判两千年年代研究是非的标准

以上讨论了系列样品算法的缺点，以及系列样品算法在具体运用“考古信息”上的一些问题。尽管工程使用的系列样品算法没有标准，尽管系列样品算法包含了人为加工的成分，尽管工程使用的年代数据仅有 68%的置信度，尽管系列样品计算时引人的“考古信息”也有明显的错误，我们仍然认为，把这种计算结果作为一家之说是无可厚非的。

比如，历史文献记载和历史学者的研究，在武王克商的具体年代上形成了四、五十种不同结论，具体年代从公元前 1130 年到前 1018 年。这些说法应当

都有所依据。而每种说法都尚不能成为公论，都因为自己的依据尚不足以驳倒其他说法。因此这些说法还都是一家之说。这里所谓一家之说，就是所立之论在百家争鸣中尚不足以说服他人，或者研究本身尚存不足。还是武王克商之年，无论工程 ^{14}C 专家靠什么得出此年发生在公元前 1050-前 1020 年之间的结论，这个结论还是可以存为一说，供其他研究加以参考的。

但是工程专家却以这些尚有问题的 ^{14}C 年代数据为依据，直接了当地对历史文献和史家关于西周具体王年研究的结论进行排除。在近年工程专家的言论和文字中，这类例子很多。比如，在今年 4 月的美国亚洲年会提交的论文上，工程首席专家李学勤就以曲村晋侯墓地 8 号墓的两个年代数据为依据，确定了晋侯苏钟属于厉王，从而否定了一些历史学者关于该套编钟属于宣王的观点。再比如更著名的例子，工程以公元前 1050 年到前 1020 年“克商年范围”为标准，把上面提到的、不在“克商年范围”的诸家研究予以毫无保留的剔除。

除了此这类在具体年代研究上使用 ^{14}C 年代数据排他和立论之外，工程专家还多次强调，工程的年代结论，是目前所能达到的最好成果。

在还没有从文字证据上完全证明自己的观点的情况下，在没有讨论和证明其他不同观点为什么不能成立的情况下，在自己所依据的方法和资料尚存众多疑问的情况下，甚至在没有充分听取批评意见、极少与不同意见的学者交流和争论的情况下，把自己的研究从百家中的一家，提升为百家之上的最好结论——对于争论了两千多年的西周王年问题，工程这样的做法是很难让学术界接受的，也是有违百家争鸣原则的。

以上五个问题，是笔者对工程 ^{14}C 工作的主要质疑。工程的 ^{14}C 工作，又是《蒋文》讨论的五个题目之一。当然，工程的年代研究，还是做了不少有益的工作的。以系列样品计算为核心的工程 ^{14}C 年代研究，对中国和世界的 ^{14}C 测年研究也是有意义的尝试。《蒋文》问题的提出，以及本文对若干问题的说明，是针对工程西周具体王年年代结论的。这里引《蒋文》结论中的一段，作为本文的结束：

工程之研究，或可备为其中一说。从研究方法和结论的可靠性来看，工程所建立的西周王年的具体年数，远不足以成为定论。司马迁之年表，以及“疑则传疑”之审慎，仍应为讨论西周年代之规范。

附记：

承蒙北京大学重离子物理研究所郭之虞教授 7 月中旬给笔者寄来他和马宏骥先生 6 月 21 日 在《中国文物报》上发表的文章。事实上，笔者与郭之虞教授已经有一段时间的电子邮件的交流了。我们的讨论还在继续。这里要公开感谢郭之虞教授对笔者的开诚布公、诚恳与不弃。

附件 7

工程 ^{14}C 专家推出的另一个“克商年范围”及评论[1]

蒋祖棣

背景说明

2000 年，夏商周断代工程（以下简称工程）推出了《夏商周断代工程：1996-2000 年阶段成果报告（简本）》[2]（以下称《简本》）。《简本》宣称，根据沣西等遗址的考古分期和对这些遗址出土遗物进行的碳十四（^{14}C）测年等研究，得出了“公元前 1050-前 1020 年”的“克商年范围”。这是《简本》的相关论述：

克商年范围的确定

由沣西等遗址分期与 ^{14}C 测年和由甲骨月食推断的克商年范围，虽是各自独立进行的，但都集中在公元前 1050-前 1020 年，与前述先秦文献研究所得武王克商之年的年代范围基本趋同，从而排除了长年说的可能，将

1 2023 年 10 月，未刊稿。

2 夏商周断代工程专家组：《夏商周断代工程 1996-2000 年阶段成果报告（简本）》，世界图书出版公司，北京，2000 年 10 月。

克商年的范围从一百一十二年缩短到三十年。[3]

“克商年范围”是夏商周断代工程年代研究最重要的支撑点。工程对武王克商年的研究，完全根据这个支撑点展开。无论由《简本》，还是由二十年后工程推出的正式研究报告《夏商周断代工程报告》（以下称《全本》）[4]，工程的克商年研究都是以这个“公元前 1050-前 1020 年”三十年的“克商年范围”为依据：

《简本》：

克商年的天文推算

在克商年的可能范围之内，通过现代天文方法回推克商天象，得到公元前 1046 年、公元前 1044 年、公元前 1027 年等三个克商年方案。[5]

《全本》：

武王克商年的天文推算

在前述武王克商年的可能范围（即公元前 1050-前 1020 年）之内，“夏商周断代工程”通过现代天文方法回推克商天象，推定克商之年，曾考虑公元前 1027 年、公元前 1044 年、公元前 1046 年三个方案。[6]

---

3 《简本》，第 44 页。由甲骨月食推断克商年范围的具体论述，可见张培瑜《日月食卜辞与殷商年代》，《中国社会科学》1999 年第 5 期。该文研究的五次月食记录，皆为武丁时期的卜辞。武丁之后，经历了六世八王才至商灭，武丁时期卜辞的月食记录与克商年有一百多年的时间差别。因此该文或《简本》“由甲骨月食推断克商年范围”的说法十分勉强，难以成立。二十年后出版的《夏商周断代工程报告》，在论述克商年的文字中，放弃了使用“甲骨月食推断克商年”的说法。由此证明《简本》这里“由甲骨文月食推断克商年”的论述并不能成立，也证明了《简本》的三十年的“克商年范围”，并没有其他研究支持，仅仅是工程“首席科学家”仇士华和他的 ^{14}C 团队推测和推出的年代范围。

4 夏商周断代工程专家组：《夏商周断代工程报告》，科学出版社，北京，2022 年 6 月。

5 《简本》，第 46 页。

6 《全本》，第 166 页。

无庸置疑："公元前 1050-前 1020 年"的"克商年范围"是工程得出其克商年、甚至整个夏商周年表的起点和基础。如果这三十年的"克商年范围"发生了动摇，工程的克商年研究从方法论上便会失去支撑，工程推出的克商年则会因方法论的谬误而难以成立，工程的整个夏商周年表也会由于克商年不能成立而失去立足的基础。

2005 年，美国《放射性碳》杂志发表了由工程专家组成员、北京大学技术物理系郭之虞教授等十人署名的文章《中国陕西沣西遗址的 AMS 放射性碳测年》[7]（以下简称郭文）。郭文详细阐述了他们对沣西考古遗存进行的 AMS 放射性碳测年的研究，得出的结论是："武王克商很可能发生在公元前 1060-前 1000 年"。国内的很多读者都非常熟悉夏商周断代工程的年代研究，知道工程到处宣扬和使用的三十年"克商年范围"，但对美国专业期刊上发表的郭文可能了解不多，不一定知道在《简本》发表四年多之后，工程内部的专家又推出了新的、六十年跨度的"克商年范围"。本文就用中文附以英文对这篇文章比较详细地加以介绍，并加上笔者的评论。笔者略去原文的图表和注解，如果需要这些细节的读者，互联网上可以找到和下载该文英文全文进行查阅。

一、郭文的开篇和提要

首先，这是郭文开篇的题目、作者和研究单位的介绍：

[7] Zhiyu Guo, Kexin Liu, Sixun Yuan, Xiaohong Wu, Kun Li, Xianyang Lu, Jinxia Wang, Hongji Ma, Shijun Gao, Lianggao Xu: *AMS Radiocarbon Dating of the Fengxi site in Shaanxi, China*，Radiocarbon, Vol 47, No 2, p221-229, Department of Geosciences, The University of Arizona，Tucson, Arizona, USA, 2005。

中国陕西沣西遗址的AMS放射性碳测年

郭之虞[1,2]，刘克新[1]，原思训[3]，吴小红[3]，李坤[1]，鲁向阳[1]，王金霞[4]，马宏冀[1]，高世君[3]，徐良高[4]

[1] 北京大学重离子物理研究所

[2] 通讯作者：Email: zhyguo@pku.edu.cn

[3] 北京大学考古文博学院

[4] 中国社会科学院考古研究所[8]

评论　以上作者和研究单位表明，这项研究是由工程专家组成员郭之虞教授带领北大重离子物理研究所、北大考古文博学院 ^{14}C 研究室的专家共同完成的。由于这篇文章的研究对象是1997年沣西遗址考古发掘所获的遗物，因此邀请了社科院考古所负责1997年沣西遗址考古发掘的的考古专家徐良高加入研究，以确保该项研究对考古遗物的使用和考古年代的判断从考古角度得当无误。

要特别说明的是：夏商周断代工程内部有社科院考古所、北京大学考古文博学院、北京大学重离子物理研究所三个 ^{14}C 年代研究团队。工程“首席科学家”仇士华、以及由仇士华、蔡莲珍领导的社科院考古所 ^{14}C 研究团队没有任何人员在郭文的署名者之列。但另外两个团队的主要专家几乎全员参与了郭文的研究，他们签署的郭文代表了半数以上工程 ^{14}C 研究人员的意见[9]。笔者把北大两个实验室和 ^{14}C 专家人员称为“郭团队”。

接下来，提要是郭文的最关键部分，值得认真研读。

8　郭文，第221页。此段中文更为直接，故不附上英文原文。

9　详情请参考《全本》第535-536页“夏商周断代工程”参加人员名单。

提要

沣西遗址位于中国陕西省沣河附近。丰是周国的都城，周人一直居住在这个地区，直到西周末期。从遗址收集了木炭、骨头和烧焦的小米的系列样品，并通过加速器质谱仪 (AMS) 确定了年代。构建了西周六期的序列模型，并用 OxCal v 3.9 校正了 ^{14}C 年代。结果表明，该遗址从公元前 1170–1070 年一直使用到公元前 825–755 年，武王克商很可能发生在公元前 1060–1000 年。

ABSTRACT The Fengxi site is near the Feng River in Shaanxi Province, China. Feng City was the capital of the vassal state of Zhou, and Zhou people lived in this area until the end of the Western Zhou. Serial samples of charcoal, bone, and charred millet were collected from the site and dated by accelerator mass spectrometry (AMS). A sequence model with 6 phases of the Western Zhou dynasty was constructed and the ^{14}C ages were calibrated with OxCal v 3.9. The results showed that the site was used from 1170-1070 BC until 825-755 BC, and the Conquest of Shang by King Wu most probably occurred during 1060-1000 BC.[10]

评论 这篇提要虽短，但包含了三个与《简本》、《全本》相关研究迥异的重点。

第一，郭文的 AMS 测年研究是《简本》发布数年之后进行的。

《简本》中提到工程的 AMS 法测年研究：

用常规法和 AMS 法对从这组地层（指 1997 年发掘的沣西 H18 和相关各层，笔者注）中采集的系列碳样品作了 ^{14}C 年代测定。…… AMS 法的测年数据见表十一，根据这组数据，武王克商年的范围为公元前 1060–前 995 年。[11]

10 郭文提要，第 221 页。

11 《简本》第 41 页。

郭文提要说明，郭文研究所得的武王克商年的范围是“公元前 1060-前 1000 年”。这个结果与《简本》所述的工程的 AMS 法的研究结果并不一致。而且，提要说明，郭文的研究使用的是 OxCal 版本为 v3.9 的校正程序。根据 OxCal 校正程序的开发单位、英国牛津大学放射性碳加速器实验室（ORAU，Oxford Radiocarbon Unit）有关 OxCal 程序开发历史的说明，OxCal 程序 v3.9 版推出的时间为 2003 年 6 月 10 日[12]。由于《简本》发布的时间为 2000 年 11 月，因此可以肯定：郭文并不是《简本》提到的 AMS 法对沣西遗存的测年研究，而是在《简本》发布数年后对沣西遗存样品重新进行的 AMS 法测年研究。

第二，郭文提要得出的沣西遗址使用年代上限在公元前 1170 年到公元前 1070 年。这个年代范围明显早于 97 年沣西考古发掘报告、《简本》和《全本》关于沣西遗址的起始年代为“文王迁丰”的论述。

我们先看 97 年沣西考古发掘报告中的考古分期关于沣西遗址年代上限的判断：

> 第一期：我们推定其年代为文王迁丰至武王伐纣之间的先周文化晚期阶段。[13]

再看《简本》的有关论述。它与以上 97 沣西考古分期基本相同：

> 陕西长安沣西地区是周人之都丰京的所在。武王克商之前，文王就已迁都于此。……以张家坡早期居住遗址为代表的遗存，其起始年代可能在文王作邑于丰之时。[14]

12 *https://c14.arch.ox.ac.uk/oxcalhelp/hlp_develop.html*

13 中国社会科学院考古研究所丰镐工作队：《1997 年沣西发掘报告》，《考古学报》2000 年第二期，第 240 页。

14 《简本》第 40-41 页。

《全本》不仅承袭了《简本》对沣西遗址年代上限的判断，而且加上了具体年代。它根据有关文献的记载，估计 97 年沣西考古分期第一期的时间长度为十三年：

> 考古信息，我们依据考古工作者的推断。马王村沣西遗址中 H18，代表了从文王迁丰到武王克商后这一短暂时期的堆积。据文献记载，文王迁丰后数年即逝世，武王即位八年后举师伐商，数年后过世。因此，H18 延续时间应在十三年左右，这虽尚未定论，估计 H18 前后相距时间短暂应该可信。[15]

97 年沣西考古发掘报告、《简本》和《全本》皆判定沣西遗址的使用上限为“文王迁丰”。而且，《简本》和《全本》所定武王克商年为公元前 1046 年。如果按照这个年代，并且按照以上《全本》对文王迁丰到武王克商十三年的估计，沣西遗址使用的上限不应当超过公元前 1060 年。而公元前 1060 年并不在郭文对沣西遗存使用上限估计的公元前 1170 年到公元前 1070 年这个一百年的年代范围之内。也就是说，97 年沣西考古发掘报告、《简本》和《全本》对沣西遗址使用年代的估计，不能得到郭文对该遗址的 AMS 法测年研究结论的支持。

第三，当然也是郭文与《简本》最关键的不同：郭文研究所得的克商年范围是“公元 1060-前 1000 年”，不是《简本》公布和多处使用的“公元前 1050-前 1020 年”。由上述第一点，郭文的研究是在《简本》发布数年之后进行的。这时《简本》已经根据三十年的“克商年范围”推出了具体的克商年、并且推出了夏商周年表。郭文在此之后发表与《简本》不同的、六十年跨度的“克商年范围”，其包含的意义或实际的影响不单单是对《简本》“克商年范围”的修正，也对《简本》克商年研究能否成立提出了疑问和挑战。

---

[15] 《全本》第 399 页。

二、郭文的“遗址说明”

遗址说明

丰镐遗址的位置如图 1a 所示。该遗址自 1951 年以来有多次考古发掘，并根据不同考古学家从墓葬和生活遗址出土的遗骸建立了陶器序列（张 1980；卢和蒋 1987；蒋 1992；徐 1994）。虽然不同考古学家给出的具体分期略有不同，但序列的框架却大同小异，包括先周、西周早期、西周中期和西周晚期。然而，1996 年夏商周断代工程启动之前，发现的先周遗存还不多。1997 年（徐 2000）断代工程进行了沣西新的发掘，这次发掘得到了丰富的遗迹和良好的地层序列。我们对获得的样品用 LS 和 AMS 两种方法进行了 ^{14}C 测年。LS 测量的结果已在其他地方报道（仇和蔡 2001）。AMS 的测试结果则通过本文加以介绍。

1997 年春天，发掘工作在马王镇的沣西毛纺厂附近进行。如图 1b 所示，这次一共发掘了 4 个探方（97SCM T1-T4）和 17 个墓葬，出土陶片一万多件和许多完整的陶器。根据陶器形态和出土单位，这些陶器可分为六期。图 2 显示了一些典型示例。已经确认，第一期属于先周，第二期和第三期属于西周早期，第四期和第五期属于西周中期，第六期属于西周晚期（徐 2000）。探方 97SCMT1（图 3 和图 4）包含一组有地层上下关系的地层和灰坑。根据它们的先后关系和出土陶器的特征，可以确定它们的时间顺序和对应的分期，如图 5 所示。灰坑 H18 尤为重要。H18 出土陶片 5000 余件，陶器风格与商代晚期、先周墓葬出土的其他器物相似；因此，H18 应该属于第一期。在 H18 中发现了一些烧焦的小米，由于小米寿命短，它可以提供一个可靠的年代。

SITE DESCRIPTION The Feng-Hao site location is shown in Figure 1a. The site has been excavated several times since 1951 and pottery sequences were established based on the remains unearthed from tombs and living sites by different archaeologists (Zhang 1980,Lu and Jiang 1987,Jiang 1992, Xu 1994). Although the particular phases given by different archaeologists were slightly different, the frame of the sequences was quite similar, which included the Pre-Zhou, the early Western Zhou, the middle Western Zhou, and the later Western Zhou. However, there were only a few remains associated with the Pre-Zhou until the Xia-Shang-Zhou Chronology Project launched in 1996. A new excavation at Fengxi was completed by the project in 1997(Xu 2000) and furnished abundant remains with good stratigraphic sequences. Samples were collected and both the LS and AMS methods were used for ^{14}C dating. Results of the LS measurements have been reported elsewhere (Qiu and Cai 2001). The AMS results are presented in this paper.

The excavation was carried out near the Fengxi woolen mill, in the town of Mawang, in the spring of 1997. Four square trenches (97SCM T1-T4) and 17 tombs were excavated as shown in Figure 1b. More than 10,000 pottery fragments were unearthed and many complete pottery wares were recovered. Those pottery ware can be divided into 6 phases according to their configuration and the units from which they came. Figure 2 shows some typical examples. It was agreed that Phased 1 corresponded to the Pre-Zhou, phase 2 and 3 to the early Western Zhou, phase 4 and 5 to the middle Western Zhou, and Phase 6 to the later Western Zhou (Xu 2000). The square trench 97SCM T1(Figure 3 and 4) contained a group of serial strata and ash pits. According to their sequential relation and the characteristics if the excavated pottery, their time sequence and corresponding phases could be decided in Figure 5. Ash pit H18 is especially important. There were more than 5000 pottery fragments unearthed from H18 and the pottery ware style is similar to the other wares excavated from tombs of the later Shang and Pre-Zhou thus, H18 should belongs to Phase 1. Some charred millet was found in H18, which will provide a reliable date because of its short lifetime. [16]

评论 对郭文的“遗址说明”，笔者的评论是：

[16] 郭文，第 221-223 页。

第一，郭文说明，1996年以前沣西遗址先周时期的遗存发现不多。这是可以接受的说法。郭文提到笔者 1992 年的文章[17]，在这篇《论丰镐周文化遗址陶器分期》的文章中，笔者根据自己1985年在丰镐遗址的考古调查和发掘，推出了包括第一期为“先周期”、第二期为“商末周初”的丰镐遗址考古分期。因此，丰镐遗址包括先周遗存，至少1992年便应该没什么争议了。

第二，郭文说明，断代工程（原文为“我们”，应指以上评论说明的工程的三个 ^{14}C 研究团队）对97年沣西考古发掘所获遗物，“用LS和AMS两种方法进行了 ^{14}C 测年”。并且说“AMS的测试结果则通过本文加以介绍”。但是以上评论已经说明，郭文的研究是在《简本》发布后的数年进行的。以上所引《简本》第43页列举了工程用AMS法对97年沣西考古遗物研究的具体年代测定表格，以及由此得出的“克商年范围”的结果。这说明在《简本》发布之前，负责AMS测年研究的北大郭之虞团队曾经测试过97年沣西考古遗物的样品。这一点，工程考古所 ^{14}C 团队的负责人蔡莲珍有比较明确的说明：

> 依据沣西遗址H18系列样品，常规 ^{14}C 方法拟合得出的年代界面在公元前1050-1010年间，AMS ^{14}C 法则在公元前1060-995年间，差别是由于后者测定误差较大一些。[18]

以上这些细节可以证明：在《简本》发布之前，郭之虞团队对97年沣西考古遗物的确做过AMS年代测试,他们没有专文刊出这次AMS测试的过程和结果，

[17] 蒋祖棣：《论丰镐周文化遗址陶器分期》，北京大学考古系编《考古研究》(一),第256-286页，文物出版社,1992 年，北京。这里顺便也对“遗址说明”做个补充：丰镐遗址是沣西地区和沣东地区周人遗址的总称。1985 年笔者在丰镐遗址进行考古工作时了解到，沣东地区的考古工作由陕西省考古研究所负责，沣西地区则由社科院考古所的陕西工作站负责。于是笔者先获得了陕西考古所所长石兴邦先生的批准，在沣东进行了数月考古调查。又经社科院考古所副所长张长寿先生同意，参加了由张先生主持的、在沣西沣河毛纺厂的发掘。后来阅读有关丰镐遗址的考古文章，从各篇文章使用的沣西、沣东等名称和写作人员的归属，这个以沣河为界划分的考古范围，似乎延续到了今天。笔者使用《论丰镐周文化遗址陶器分期》的题目，便表明该文的研究包括了沣东和沣西的周文化遗物。

[18] 蔡莲珍：《^{14}C 测定判别武王克商年代范围始末》，《文物保护与考古科学》第15卷第1期，上海，2003年。

但测试的样品、每个样品测试所得的年代、以及最后得出的克商年范围都已经通过《简本》得到公布了。

为了让读者了解《简本》AMS 测年和郭文 AMS 测年研究的区别，笔者根据郭文表一和《简本》第 43 页公布的 AMS 测试的表十一，列出了以下表一。

分期	考古单位	样品	实验室编号	《简本》表十一 拟合年代（1σ）	郭文表一 校正年代（1σ）
先周	T2H7	动物骨	SA97022	1095-1020	1130-1040
	T1H18③	碳化小米	SA97029	1085-1010(0.95)	1115-1025
	T1H18②	碳化小米	SA97030	1090-1015	1120-1035
	T1H18②	木炭	SA97002	1090-1015	1120-1035
	T1H18①	木炭	SA97003	1090-1015	1115-1030
西周初	T1④2.4 米下	木炭	SA97004	1040-980	1035-975
	T1④2.4 米	木炭	SA97009	1040-980	1030-975
西周早	T1H16	动物骨	SA97010	1000-940	998-952
	TIH11	木炭	SA97011	1000-935	1005-945
西周中	T1H8	木炭	SA97012	(缺)	958-952
	T1H8	木炭	SA97013	955-915(0.92)	959-920
	T1H3 底 3.4 米	木炭	SA97015	920-850	915-840
	TIH3	木炭	SA97014	915-845	905-825
	T1③	木炭	SA97023	920-850	920-845
西周晚	T2M8	人骨	SA97025	832-784	832-785

表一：97 沣西遗址样品两次 AMS 校正年代之对比（2000 年《简本》vs 2005 年郭文）[19]

[19] 本文表一的样品以郭文表一的顺序列出，考古分期和考古单位的名称取自《简本》表十一。另外，《简本》表格列为“骨头”的样品，郭文表格皆以“动物骨”或“人骨”加以区别；样品 SA97010，《简本》列为“木炭”，郭文列为“动物骨”；样品 SA97013，《简本》列为“骨头”，郭文列为“木炭”。这些区别，本文表一皆从郭文。

根据表一，《简本》中提到的AMS测年研究，与郭文讨论的沣西遗址的AMS放射性碳测年，所测试的样品几乎完全相同，但所有样品测试后的校正年代全都不同。因此可以确定，郭文的研究，是基于郭之虞团队对沣西遗址相同样品的重新测试。这个重新测试，既是对《简本》中 AMS 测年和相关样品年代数据的修正和更新，更是对四年多前《简本》发表的“克商年范围”的修正和更新。

第三，郭文详细说明了97年沣西考古的发掘单位、地层和发掘所获。但郭文没有引用徐良高97年沣西考古分期第一期“文王迁丰至武王伐纣”，以及第二期“西周初年武王至成王前期”的年代判断，却借用了92年笔者丰镐遗址分期使用的“先周期”、“西周早期”等术语。至于97年沣西考古分期把第一期订为“文王迁丰至武王伐纣”的年代判断，郭文在以下“较早边界和较晚边界”一节有具体的讨论，笔者也有相关的评价。

三、郭文的“较早边界和较晚边界”

这里略去郭文的“方法”、“结果和讨论”、“木炭样品的时代”等几个小题，对“较早边界和较晚边界”一节加以关注[20]：

较早边界和较晚边界

从文献上我们知道文王迁丰两年之后就去世了。其子武继位为周王，武王十一年征商。至此，从丰城建立到灭商仅用了十三年。然而，校正给出了序列的较早边界，即公元前 1170-1070 年，置信水平为 1σ，这意味着最早的周居民可能在这个时间段的某个时间点来到该地区。第一期 1σ 的置

[20] 郭文中“方法”、“结果和讨论”、“木炭样品的时代”几个小节，非常专业。未经放射性碳技术训练的人士，阅读起来可能会有一定难度。本文暂时略过，不过要特别说明：对比郭文这些非常专业的讨论，《简本》推出“克商年范围”的专业性就相形见绌了。郭文和《简本》相关的原文，值得读者认真研读和对比。

信区间约为一百年，从公元前 1130 年到 1025 年，这与历史记录相比太长了。出现这种差异有几个可能的原因。与 ^{14}C 误差相比，十三年太短了，校正曲线的形状进一步延长了日历年的间隔。有一个高台为公元前 1125-1050 年，然后是另一个高台公元前 1045-1015 年，变化仅为三十 ^{14}C 年（图 6）。因此，第一期延长较久是很正常的。蒋认为，这个地区可能有崇人的遗迹（蒋 2003），这也可能延长了第一期。公元前 825-755 年较晚的边界对应于历史记载的东周取代西周，这实际上发生在公元前 770 年。

Older and Younger Boundaries From historical records, we know that King Wen died 2yr after he moved to Feng. His son Wu then became the King of Zhou and the Conquest of Shang occurred in the 11th year of King Wu's reign. Thus, only 13 yr passed from the founding of Feng City to the Conquest of Shang. The calibration, though, gave an older boundary of the sequence, 1170-1070 BC at the 1-σ confidence level, which means that the earliest Zhou residents probably came to this area at some time during that interval. The 1-σ interval of Phase 1 is about 100 yr, from 1130-1025 BC, which is too long compared with historical records. There are several possible reasons for the discrepancy. The 13 yr are too short compared with ^{14}C errors, and the shape of the calibration curve further extended the calendar year interval. There is a plateau at 1125-1050 BC followed by another plateau from 1045-1015BC, with a shift just 30 ^{14}C yr (Figure 6). Thus, the extension of Phase 1 is quite normal. Jiang suggested that there might be some remains of the Chong people in this area (Jiang 2003), which may also extend Phase 1. The younger boundary of 825-775BC corresponds with the replacement of the Western Zhou by Eastern Zhou, which historical records state actually occurred in 770 BC.[21]

评论 郭文关于“较早边界”，就是郭团队凭借 AMS 法对 97 沣西遗址样品的校正测年数据，得出的沣西遗址的年代上限为公元前 1170-1070 年的结论。这里，郭文分析了郭文测年结果与 97 沣西考古第一期“文王迁丰至武王伐纣”年代判断的矛盾。郭文以测年数据证明：97 沣西考古分期所判定的第一期“十三年太

21 郭文，第 227-228 页。

短了”，“第一期延长较久是很正常的”。并且就第一期上限早于文王迁丰的可能性，征引了笔者关于文王迁丰之前，此地或为崇人聚落的观点。

这是笔者 2002 年的文章对 97 沣西考古分期第一期的批评文字：

> 在没有文字证据的情况下，根据什么把这些灰坑和陶器贴上了“周人”的标签？因为丰镐地区在文王率周人迁丰之前荒无人烟？请看《史记·周本纪》关于文王的记载：
>
> > 明年，伐崇侯虎而作丰邑。（《正义》皇甫谧云：夏鲧封。虞、夏、商、周皆有崇国，崇国盖在丰镐之闲。诗云“既伐于崇，作邑于丰”，是国之地也。）
>
> 再看《诗·大雅》所记文王在此地对崇侯虎的攻城大战：
>
> > 帝谓文王，询尔仇方。同尔兄弟，以尔钩援。与尔临冲，以伐崇墉。临冲闲闲，崇墉言言，执讯连连，攸馘安安。
>
> 一个建造城池的崇国在此，为什么他们就不可能留下几个灰坑和若干陶器呢？比起文王居丰，崇人居于此的时间要长得多，他们在这里留下遗物的可能是不是更大呢？[22]

笔者并非 ^{14}C 领域的专家，对 ^{14}C 的知识也十分有限，对沣西 ^{14}C 测年数据不能进行像郭文那般专业的解读。不过，即便是一般读者，也可以对公开发表的 ^{14}C 数据作简单的分析。这是笔者 2002 年的文章里，根据《简本》公布的沣西 ^{14}C 测年数据对 97 沣西考古分期提出的问题（原文 K 指考古所 97 沣西考古分期）：

---

[22] 蒋祖棣：《西周年代研究之疑问——对夏商周断代工程方法论的批评》，《宿白先生八秩华诞纪念文集》编辑委员会编：《宿白先生八秩华诞纪念文集》，第 101 页。文物出版社，北京，2002 年 9 月。纪念文集原文“在文王率周人迁丰之前”脱“迁丰”二字。

以下是常规 ^{14}C 测年数据：

分期	单位	标本	^{14}C 年代(BP)
K 第一期	H18	ZK5725	2893±34
K 第一期	H18	ZK5724	2860±33
K 第一期	H18	ZK5727	2837±37
K 第二期	T1(4)	ZK5730	2872±33
K 第二期	T1(4)	ZK5728	2854±33

以下是 AMS 测年数据：

分期	单位	标本	^{14}C 年代(BP)
K 第一期	T2H7	SA97022	2933±37
K 第一期	H18	SA97029	2850±50
K 第一期	H18	SA97030	2900±50
K 第一期	H18	SA97002	2905±50
K 第一期	H18	SA97003	2895±50
K 第二期	T1(4)	SA97009	2855±57
K 第二期	T1(4)	SA97004	2840±53

无论常规 ^{14}C 测年或 AMS 测年数据，给了 K 第一期一百年以上的可能范围。这不仅不支持“文王迁丰至武王伐纣”这一期十二年的推断，反而表明 K 第一期的时间范围可能比 K 第二期更长。是工程 ^{14}C 测年数据有问题，还是 K 文十数年一期的分期太离谱？两者之中，究竟谁错？[23]

[23] 蒋祖棣：《西周年代研究之疑问——对夏商周断代工程方法论的批评》，见本书第 97 页。另外，一些学者，包括郭文指文王迁丰至武王伐纣为十三年，另一些学者包括笔者则表述为十二年。这是中国年代学研究取“当年称元”还是取“逾年称元”的区别。也就是新王是在取代旧王的同一年称元年，还是等旧王最后一年完结之后的第二年新年称元年两种认知的区别。由于学界对古代改元的具体情况尚无定论，这两种观点可以并行。

根据郭文关于“较早边界”的论述，97 沣西考古分期所订第一期的年代，得不到沣西同期所出样品 ^{14}C 测年数据的支持。笔者 2002 年根据自己在丰镐地区的考古工作和考古分期、根据文献记载，指出 97 沣西考古分期第一期的年代判断存在明显错误。通过分析相关的 ^{14}C 数据，笔者估计这一期的年代范围可能超过百年。这些意见，在三年之后的郭文关于沣西遗址“较早边界”的研究中，基本上都得到了确定。

值得注意的是，郭文的署名者中有 97 沣西考古分期的作者徐良高。郭文这段与 97 沣西考古分期相关的论述，徐先生至少负有主要的审阅责任。在世界顶级的放射性碳研究期刊发表由他署名的这篇文章，说明徐先生已经改变了自己对 97 沣西考古分期第一期的年代判断，同意了郭文关于沣西遗址年代上限早于文王迁丰的结论。可惜的是，2022 年发布的《全本》，竟依然坚持了 97 沣西考古分期关于沣西遗址年代上限为文王迁丰的错误判断。笔者并不确定：是《全本》相关的执笔者没有读或者读不懂郭文？是工程内部经过讨论否决了身为工程专家组成员的郭之虞教授的研究结论？还是徐良高又把自己对沣西第一期的年代判断改了回去？无论何种情况，断代工程或徐良高似乎有责任发表可供查询的文字加以说明。否则在世界顶级的学术期刊发表文章，岂不成了既可以用来宣扬自己的学术成就、申请职称或职位的工具、又可以随意更改、甚至矢口否认的调侃？如果对自己在世界级学术期刊发表的观点都可以朝三暮四，或者不置可否，严肃的学术研究岂不成了儿戏？

四、郭文的“克商事件”

克商事件

对应于武王克商，校正结果给出了该事件的年代范围为公元前 1060 – 1000 年。除非有书面证据所提供的特定年代，试图把某个特定的王归属于分期的某一期总会有一些危险。然而，商与周的边界可以在沣西的陶器序列中找到。这是因为沣西出土的部分二期、三期陶器，与西周初分封的燕国、晋国的遗址琉璃河、天马—曲村所出土的西周早期陶器非常相似。此外，第一期的陶器风格与出土于晚期商周和先周墓葬的器皿相似（徐 2000）。因此，可以合理地得出结论，武王征商（即周取代商）发生在第一期和第二期之间。

Event Conquest The calibration results give an interval of 1060-1000 BC for the Event of Conquest, corresponding to the Conquest of Shang by King Wu. There is always some danger when one tries to connect a particular phase with particular kings unless writing evidence exists to provide a specific date. However, the boundary of Shang and Zhou can be found in the pottery sequence at Fengxi. This is because some pottery wares of phase 2 and 3 excavated in Fengxi are quite similar to the early Western Zhou wares excavated in the Liulihe and Tianma-Qucun sites, which are the locations of the vassal states Yan and Jin, enfeoffed at the beginning of the Western Zhou. Furthermore, the pottery ware style of Phase 1 similar to the wares excavated from tombs of the later Shang and Pre-Zhou(Xu 2000). Thus, it is reasonable to conclude that the Conquest of Shang by King Wu (i.e. the replacement of Shang by Zhou) occurred between phase 1 and 2.[24]

评论 郭文这段论述表明了一个重要的观点：在没有文字证据的情况下，把某个特定的王归属于考古分期的某一期的做法是有问题的。这也是 2002 年笔者批评 97 沣西考古分期的一个重点。这是笔者批评 97 沣西考古分期把特定的周王归属于特定考古分期的文字：

在以地层和陶器为研究对象，以地层学、类型学为方法的分期研究中，用陶器作为间隔分期标志并附以明确王世，K 文（指《1997 年沣西发掘报告》，笔者注）可谓独创。用陶器代表间隔开来、不能交错的不同时期，也就是令各期陶器只能代表某王世而绝不可能出现于相邻的、另一期的王世。或者说令西周众百姓在新王登基时对陶器来个彻底的破旧立新—— K 文这

[24] 郭文，第 228 页。

种分期方法的选定，显然有悖常理。[25]

笔者说97沣西考古分期“有悖常理”，用郭文的话说就是“试图把某个特定的王归属于分期的某一期总会有一些危险”。实际上，像97沣西考古分期第一期、第二期这样根据陶器等遗物把各期附以明确王世的考古分期，在近百年的夏商周考古实践中还真找不到其他例子。这个分期有多危险，或者是否能够成立，应该不需要多加论证了吧？

郭文此段其余的文字，超出了 AMS 或放射性碳的领域，是考古家们的典型叙事论述。笔者大致上同意郭文的论述，不过要说明，考古家们的考古工作和年代研究，虽然都是依照考古学的地层学、类型学的规范，但地层划分时上下堆积的“相似”，陶片或陶器的“相似”，不同的考古家可能有程度不同的判断。因此考古人说的“相似”，或多或少都包含了个人意见的成分。如果是跨遗址的比较，不同遗址所出遗物的“相似”更脱离了地层单位或遗址的约束，多了“传播”或“模仿”这类或包含时间差别的成分。因此考古的研究对象，并不能够像放射性碳领域对其研究样品那般容易数字化。如果可以把同地层单位、同遗址、或同地域遗物在考古类型学上的“相似”量化为“八九不离十”，跨地域、跨大区遗址之间遗物的“相似”就最多是“十之七八”了。使用这类比较粗放的“量化”概念进行考古文化、文化类型或考古分期的对比，在考古研究中非常普遍，但凭借此等“量化”，以千里之外的遗址的“相似”来讨论十分具体的克商年，借用郭文的话说，实际上也是“总会有一些危险”。最后，郭文说武王克商“发生在第一期和第二期之间”，如果这指的是97沣西考古分期，尤其是上面刚刚讨论过的年代判断出现错误的第一期和第二期，再用这个分期讨论克商年就有些勉强了。此外，“第一期和第二期之间”，也是考古家的说法，大致无误但并不精确。因为考古分期第一期的中、晚阶段和第二期的

[25] 蒋祖棣：《西周年代研究之疑问——对夏商周断代工程方法论的批评》，见本书第94页。

早、中阶段，用“第一期和第二期之间”来概括在考古上都不算错，但彼此间的年代还是会有不小落差的。

五、郭文的“与其他结果的比较”

与其他结果的比较

沣西系列样品也由中国科学院考古研究所和北京大学考古文博学院采用 LS 法进行测定。部分样品同时采用常规（LS）和加速器（AMS）方法测量，结果一致。基于常规法测量数据的校正给出了克商事件的年代间隔为公元前 1050–1010 年（蔡 2003）。

还有其他几个与克商事件有关的遗址。河南省的殷墟遗址是商朝直到灭亡前使用了二百多年的首都。北京琉璃河遗址为燕都，山西天马—曲村遗址为晋都。仇和蔡 (2001) 用常规法对殷墟和琉璃河遗址进行了测年，并将这两个遗址标定为一个系列。结果表明，周对商的征服发生在公元前 1040 年左右（仇，蔡 2001）。天马—曲村遗址经加速器测年，其较早的边界为公元前 1020-940 年（郭等 2001）。

Comparison with Other Results The Fengxi serial samples were also measured by the Institute of Archaeology, Chinese Academy of Social Sciences, and the College of Archaeology and Museology, Peking University, using the LS method. Some samples were measured with both the LS and AMS methods, and the results are consistent. The calibration based on the LS data gave a date interval of 1050-1010 BC for the Event Conquest (Cai 2003).

There are also some other sites related to the conquest. The Yinxu site in Henan Province was the capital of Shang for more than 200 yr until the conquest. The Liulihe site in Beijing was the capital of Yan, while the Tianma-Qucun site in Shanxi Province was the capital of Jin. Qiu and Cai(2001) have dated the Yinxu and Liulihe sites using the LS method, and they calibrated the 2 sites as 1 series. The results showed that the Conquest of Shang by Zhou occurred around 1040 BC (Qiu and Cai 2001). Tianma-Qucun site was dated by AMS and its older boundary was 1020-940 BC (Guo, et al. 2001).[26]

评论 郭文“与其他结果的比较”是笔者评论的重点。

郭文列出了社科院考古所、北大文博学院等 ^{14}C 研究单位有关克商年的研究结果。这些结果分别为“公元前 1050-1010 年”、“公元前 1040 年左右”，等等。郭文在以下“结论”一段中说“武王克商最有可能发生在公元前 1060 年—公元前 1000 年，这与其他测量的结果一致。”的确，在对相关样品进行不同的测年研究，只要 ^{14}C 校正后的年代都在 1σ（68%）置信率所覆盖的范围之内，说这些“测量的结果一致”是问题不大的。

但是，和大部分读者一样，笔者更关心的是郭文 2005 年发布的“克商年范围”和《简本》2000 年推出的“克商年范围”究竟是什么关系。如果承认后来发布的郭文六十年的“克商年范围”更加可靠，《简本》的克商年研究似乎就站不住脚了。可惜的是，郭文“与其他结果的比较”的章节，唯独缺少了《简本》公布并且频繁使用的三十年的“克商年范围”。而且，通读郭文，除了在“遗址说明”一节提到过几次“夏商周断代工程”之外，没有任何文字讨论《简本》公布的“克商年范围”，甚至在正文和注解都没有提过断代工程的《简本》。郭文对工程各 ^{14}C 研究单位有关克商年的研究都作了介绍和注解，却缺少了对国家工程正式发布的《简本》的介绍，完全不提《简本》得出的最重要、使用得最广泛的“克商年范围”。读者一定都会问，郭文经过十分认真的论证推出了一个新的“克商年范围”，却为什么闭口不提工程几年前推出的、与郭文研究息息相关的“克商年范围”呢？

能够理解郭文作法的人不多，笔者应该是其中之一。为了就此进行说明，笔者要与读者分享一下自己的经历。2000 年《简本》问世后，笔者对《简本》

[26] 郭文，第 228 页。

“克商年的范围为公元前 1050–前 1020 年”的立论十分不以为然。直接的原因就是这个年代范围的推出过于草率。

以下是《简本》论证这个年代范围所用的全部 450 个字：

用常规法和 AMS 法对从这组地层（指 97 沣西考古发掘 H18 以及与 H18 相关的地层单位，笔者注）中采集的系列含碳样品作了 ^{14}C 年代测定。其中 H18 第二、三层出土的炭化小米，应为当年生植物，所测年代应能反映该层的真实年龄。常规法的测年数据见表十。用 1998 年树轮校正曲线对这组数据进行高精度扭摆匹配，得到武王克商年的年代范围为公元前 1050-前 1010 年。AMS 法的测年结果见表十一，根据这组数据，武王克商年的范围为公元前 1060–前 995 年。

由相关系列 ^{14}C 测年推定克商年的范围

与推定克商年范围有较直接联系的考古遗址样品系列，除上述沣西系列之外，还有商后期的殷墟系列、西周的琉璃河系列和天马—曲村系列。经 ^{14}C 年代测定，其年代范围分别为：

殷墟第四期	公元前 1080–前 1040 年左右（表十二）
琉璃河一期一段墓葬	公元前 1040–前 1006 年左右（表三）
曲村一期一段	公元前 1020–前 970 年左右（表五）

考虑到殷墟文化四期的年代有可能延续到西周初期，故克商年范围的上限取为公元前 1050 年。琉璃河遗址一期 H108 出土有“成周”甲骨，其年代不得早于成王，因此，其上界可以作为克商年范围的下限。该遗址第一期墓葬中最早的年代数据的中值为公元前 1020 年，由此得出克商

年的范围为公元前1050-前1020年。[27]

读者不难看出：以上“克商年范围”具体年代的论证多为推测，缺乏铁证。在这段论述中，还出现了几处不够专业的错误：第一，《简本》对琉璃河 H108年代的判断，把“其年代不得早于成王”误解为“其年代上限为成王”，犯了“强不知以为知”的错误[28]；第二，^{14}C 测年技术不允许在经过校正之后的 ^{14}C 年代范围中进一步挑选某个具体年代、排除在同一年代范围中的其他年代。《简本》对琉璃河遗址经过校正之后的 ^{14}C 测年数据再次实施所谓“中值”的计算，明显违背了放射性碳校正技术的规范；第三，论述中列举了殷墟第四期的 ^{14}C 测年数据，作为得出公元前1050年为克商年范围上限的证据，但殷墟第四期的测年数据，同样支持《简本》AMS法所得的公元前1060年为克商年范围的上限[29]；第四，论述中列出的几个年代数据有的有“左右”二字，有的没有“左右”二字。但全都没有放射性碳技术要求的、使用 ^{14}C 校正年代讨论日历年代时必须标明的置信率或称可信度[30]。此外，工程仅用了450个字便轻松推出了一个“克商年范围”，接下来就把这个年代范围当成衡量以往克商年的标尺，以年为精度使用这个年代范围，挑选和排除两千年来历史家关于克商年的研究结论。这表明工程的克商年研究，是基于低可信度的 ^{14}C 校正年代也高于所有历史家克商年

---

27 《简本》，第41，43-44页。

28 在考古学方法论上，H108“年代不得早于成王”，其准确含义是H108的“年代为成王或者更晚”。也就是说，H108 的年代可能是成王，也可能是康王，甚至更晚。在考古学上，“年代不早于”是一个包含年代不确定性的表述，这个陈述包含了年代的不确定性，当然也包含了其年代上限的不确定性。仇团队这里把 H108“年代不得早于成王”误解为“年代上限为成王”，这就抹去了原推论所包含的年代判断的不确定性，悄悄地改变了一个考古学年代判断句的含义,犯下了“强不知以为知”的错误。

29 后来的《全本》讨论克商年范围的文字与《简本》几乎完全相同，不过，《全本》把殷墟第四期的上限由公元前1080年改成了公元前1090年。按以上《简本》的逻辑，这个改动，似乎更增加了AMS法的公元前1060年应当成为克商年范围上限的依据。

30 详见笔者本书《夏商周断代工程报告之批判》，“工程仇团队主观臆造的‘克商年范围’”一节就此展开的讨论。

研究的逻辑，这个逻辑未经论证，尚未为学术研究所接受，应该是一个自作聪明、并且强加于人的逻辑。

因此，2002 年笔者为 AAS 会议[31]撰写《西周年代研究之疑问》一文时，便写下了“关于工程的克商年范围”的一节，把笔者上述的观点都写了出来。可是在最后截稿时，笔者反复考虑，毕竟以 450 个字立论和求证的“克商年范围”是出于名为“简本”的报告，后面应该有相关专家出面加以足够专业的论证。笔者似乎应该等足够专业的论证文章刊出之后再进行认真评论。出于这样的考虑，笔者便把“关于工程的克商年范围”的一节从《西周年代研究之疑问》一文中删去。2002 年 4 月笔者向 AAS 提交《西周年代研究之疑问》之后，来到芝加哥大学参加 AAS 夏商周断代工程的辩论会。在会下找到机会特意向工程“首席科学家”仇士华先生请教了“公元前 1050-前 1020 年”是如何产生的。通过交谈，笔者了解到工程的“克商年范围”很难出现足够专业的文字论证[32]，可为时已晚。这个章节只好在笔者《夏商周断代工程之批判》中展开讨论了。

笔者的这个经历，让笔者十分理解郭文为何不提《简本》、不提《简本》的“克商年范围”。以笔者通过阅读郭团队在世界各主要研究期刊发表的众多文章、与郭之虞教授面对面或电子邮件的讨论，郭先生和他领导的团队十分重视测试设备的准确、测试手段的合理、测试样品的可靠、以及测试过程的公开

---

31 AAS（Association for Asian Studies），美国亚洲研究学会。AAS 每年在美国举行一次亚洲研究年会。年会的议题由美国大学或亚洲研究机构提出。根据斯坦福大学教授倪德卫（David Nivision）的提议，AAS 在 2002 年 4 月的年会上设立了夏商周断代工程专题。笔者的《西周年代之疑问》便是向这个专题提交的文章。

32 2002 年 4 月芝加哥会议期间，笔者在私下场合特意向仇士华请教“公元前 1050-前 1020 年”这个年代是如何得出的。仇先生回答说，“是我自己的手工算法”（仇的原话）。他说，“手工算法”是他发明的，实际上就是结合不同遗址相关遗存 ^{14}C 校正数据进行的再计算。笔者当即向他说明，这种“手工算法”人为成分甚高，建议他放弃使用这个自创的“手工算法”。芝加哥会议之后，笔者 2002 年 5 月 25 日给李伯谦老师写了一封信，详细描述了仇士华对笔者所说的“手工算法”，并且向李老师建议：彻底放弃仇士华的“手工算法”。因为这个算法没有任何理论依据，不可能经得住世界范围学术界的推敲和检验。工程如果在正式报告中使用仇士华这个年代范围进行年代研究，可能会犯下难以挽回的错误。

和透明，对每一个测试年代的公布都非常认真和慎重。郭先生对他人发表的研究也比较挑剔。比如，笔者对97沣西考古分期的评论，最主要的文字皆在《西周年代之疑问》一文中。该文被宿白先生亲自收入2002年文物考古界为宿白先生贺寿出版的《宿白先生八秩华诞纪念文集》之中。但郭先生可能认为纪念文集不是学术期刊，因此郭文在征引笔者的观点时，没有直接征引笔者在《宿白先生八秩华诞纪念文集》的文章，而是征引了笔者2003年在《考古与文物》发表的文章[33]。

从郭文征引笔者研究的例子来看，《简本》虽然公布了“克商年范围”，但《简本》的“克商年范围”并不是工程某个实验室以LS法或AMS法直接测量的结果，而是仅凭《简本》数百字推测便得出的年代范围。该年代范围没有经过充足的专业论证，仍然有待发明这个“克商年范围”的工程“首席科学家”仇士华先生及其团队在放射性碳专业的高度公开和认真地加以说明[34]。既然仇士华团队尚未公开对这项研究进行专业论证，郭文便不提及《简本》的“克商年范围”。这是笔者对郭文不征引、不提及《简本》“克商年范围”的解读。

可是，关心断代工程年代研究的读者苦等了二十年，也没有见到工程专家详细论证这个十分关键的年代范围的文字。到了《全本》，论证“克商年范围”

33 文物考古界为界内尊敬的先生出版贺寿文集是一个常规。当年北大考古系的所有同仁都应该同意，宿先生对学生和同行的学术研究一贯十分严格甚至挑剔，如果自己写的文章能够被宿白先生选中，收入为宿先生贺寿出版的文集，那是比在任何学术期刊发表同一篇文章都要荣幸得多的事。

34 2003年，工程考古所^{14}C团队的负责人蔡莲珍曾发表《^{14}C测定判别武王克商年代范围始末》一文，但该文对考古所团队推出的《简本》的“公元前1050-前1020年”的“克商年范围”的论证仍然不够专业。因此郭文虽然在“与其他结果的比较”一节也征引了此文，但郭文只取了该文公布的考古所 LS 法的测量结果：“基于常规法测量数据的校正，给出了克商事件的年代间隔为公元前 1050-1010 年”。并没有征引该文题目试图说明的、《简本》的“克商年范围”。关于蔡莲珍先生这篇文章对《简本》“克商年范围”的论述，笔者在《夏商周断代工程之批判》一文中有专门的章节进行分析。

文字基本抄于《简本》，文字数量甚至还少于《简本》。读者都知道，一般 ^{14}C 研究推出任何年代，都会公布实验室、测试方法、样品年代、校正公式等一系列可供查询、比较和分析的细节，唯独这个断代工程年代研究中最为关键的“克商年范围”却没有足够专业的文章加以论证，没有任何细节可以查询、比较和分析，也没有经过任何 ^{14}C 专家或实验室签署。而郭文的年代范围不仅发布于《简本》之后，还发布在世界顶级的放射性碳研究期刊上。郭文得出测年数据和年代结论的各项准备、操作、方法和程序都相当专业和足够透明，该文的署名者更代表了大多数工程内部 ^{14}C 专家的意见。这两个“克商年范围”之间在科学性和学术研究水平上的落差十分明显。这也说明：郭文的“克商年范围”远比含混不清、漏洞百出且未经科学论证的《简本》的“克商年范围”可靠得多，当然可以用来代替《简本》的“克商年范围”。换言之，郭文的“武王克商最有可能发生在公元前 1060 年-公元前 1000 年”的结论，足以否定和代替《简本》“克商年范围为公元前 1050-前 1020 年”年代结论。

有人或许会问：工程最后得出的克商年为公元前 1046 年，与这两个“克商年范围”都不矛盾，就克商年的最终结论而言，采用哪个年代范围不是都一样吗？非也。从年代研究的方法论上看大不一样！如果“克商年范围”不是三十年而是六十年，也就是用明显更加可靠的郭文六十年的“克商年范围”替换《简本》三十年的“克商年范围”，工程使用 ^{14}C 年代范围来排除历史家克商年研究的方法就难以实施，就必须放弃使用 ^{14}C 年代范围、而寻求其他克商年研究的方法。换言之，使用新的克商年范围，断代工程的克商年研究从方法上就需要重新设计，《简本》推出的克商年结论也会因为研究方法的改变而只能推倒重来。以目前已知的文献、文字资料，工程能否设计出新的克商年研究方法、克商年研究的结论会是如何等问题都难以回答。因此，郭文的研究不仅是对《简本》“克商年范围”的重新估计，更是对《简本》整个克商年研究的否定。

2005 年郭文的发表，给断代工程又一次提供了改正《简本》克商年研究的机会[35]。可是，断代工程的负责人对科学性明显更高的郭文置之不理，对工程专家组专家为代表的大多数工程 ^{14}C 专家的研究无动于衷，又一次错过了纠正《简本》错误的机会。郭文之后，工程专家组成员、工程天文史家刘次沅、张培瑜等也先后公开发表自己的意见，指出《简本》根据天文记载进行的克商年研究，在材料运用上出现了严重错误[36]。他们的意见，同样遭到了忽略。工程领导人不听取内部多位工程专家组成员对《简本》的不同意见，更不理会海内外学者的批评意见。这表明工程的几位负责人名重识暗，沉迷于通过国家工程得到的掌控文物考古界权力，不肯承认自己设计、规划和指导工程年代研究时有重大过失，更不愿意改正《简本》的错误。

2022 年发表的《全本》完全照搬了《简本》的关键错误，也包括了继续使用被郭文否定的《简本》的“克商年范围”。《全本》抱残守缺，继续用错误的、三十年的“克商年范围”来衡量和排除以往历史家的克商年研究，在衡量和排除历史家的研究时依然闭口不提这个年代范围 1σ 的置信率或 68%的可信度。

[35] 2002 年 4 月，在由工程高层级专家参加的、关于夏商周断代工程的 AAS 芝加哥大学辩论会上，双方经过辩论共同确认了工程 97 年沣西考古分期的错误和 ^{14}C“拟合”测年的问题。2002 年 5 月 24 日的《中国文物报》也就此作了报道。这是工程根据批评意见改进《简本》年代研究的一次绝好机会。可惜，工程负责人抛开了学术研究者的正常心态，竟凭借自己在学术界的权力，通过国内报纸否认《中国文物报》对芝加哥会议的报道，否认芝加哥会议经辩论双方确认的《简本》的错误或问题，并且由李学勤亲自出面，数次阻拦笔者批评断代工程年代研究的文章在国内发表。创下了用非学术手段对待学术批评的例子。

[36] 刘次沅《从天再旦到武王伐纣——西周天文年代问题》，世界图书出版公司，2006 年；张培瑜《试论<左传><国语>天象纪事的史料价值》，《史学月刊》，2009 年第 1 期。他们分别论述了《国语·周语》伶州鸠所述伐纣天象非观测实录，是战国后人推算附入的。而《简本》（第 46 页）和《全本》（第 175 页）皆以《国语》伶州鸠的记载作为克商年天象的主要证据。张培瑜先生在本注列举的文章的提要中十分明确地指出：“尤其不能根据伶州鸠所述伐纣天象推求克商年代。”

更有甚者，《全本》有关克商年研究的文字，完全不提郭文的研究，却在不加注释的情况下用郭文的表一，取代了《简本》公布的沣西 AMS 测年研究。《全本》用郭文表一去证明《简本》三十年的“克商年范围”[37]，是以本末倒置、移花接木的手法去篡改郭文研究的本意，把郭文关于克商年范围的新的研究，不加解释地当成证明《简本》三十年的“克商年范围”的证据。《全本》如此费尽心机地处理郭文六十年的“克商年范围”与工程三十年“克商年范围”的矛盾，却弄巧成拙，白纸黑字留下了搬弄和编造证据的痕迹。此举也向世人说明：工程无法坦然面对郭文六十年“克商年范围”与《简本》三十年“克商年范围”在科学性和学术水平上的明显落差，没有能力解释或反驳郭文的研究，也不愿意依照郭文的研究反省工程的年代研究，更不愿纠正《简本》“克商年范围”和克商年研究的错误。因此只好将错就错，坚持错误，在两千年的克商年研究历史上创下了唯一知错不改、一意孤行的范例。

六、郭文的“结论和致谢”

结论

周人在沣西地区从先周到西周末期生活了三百多年，加速器 ^{14}C 年代测定和系列样品的校正表明，武王克商最有可能发生在公元前 1060 年- 公元前 1000 年，这与其他测量的结果一致。关于沣西遗址考古分期的细节仍有一些争论。这里给出的结果是基于徐等人 1997 年春天发掘所获的样品。进一步的研究将有助于确定更明确的时间框架。

37　见《全本》表 3-3，第 157-158 页。

致谢

本篇研究得到了中国国家自然基金会和中华人民共和国科学技术部的资助。作者也非常感谢与邹衡教授、仇世华教授、李伯谦教授、陈铁梅教授、蔡莲珍教授和蒋祖棣博士的有益讨论。[38]

以上是郭文的结尾部分。这里略去英文原文，也不再做评论。

2005 年郭文发表之后，笔者便收到了郭先生寄给笔者的郭文复印件。从 2002 年 6 月起，笔者与郭先生就断代工程的年代研究有许多电子邮件的往来。笔者在硅谷和北京也曾有幸几次当面向郭先生请教。通过这些交流，笔者对郭先生的饱学和严谨求实的态度留下了十分深刻的印象，也向郭先生学了不少知识。这里也向郭之虞教授诚心地致以谢意。

---

[38] 郭文，第 229 页。

附件 8

教书，育人——追思宿白先生[1]

蒋祖棣

宿白先生 2018 年 2 月 1 日逝世。考古界一片悲哀。我离开考古系已近三十年，又身处美国西海岸，原以为自己可做的，便是仔细阅读网上和同学圈中各位的怀念文字，默默追思和宿先生交往的往事，以寄托哀思。但数日过去，先生的言谈和身影，我在北大那些年与宿先生交往的旧事却挥之不去，反而愈渐清晰。仔细想来，我算是先生花费心血最多的学生，也为先生留下过极大的遗憾。思绪至此，心潮难以平静，更难保持沉默。索性拾笔，写下我的若干回忆，以寄托我对先生故去的哀思之念。

一

我 1978 年 2 月进入历史系考古专业。当时先生是考古专业唯一的正教授，又是专业主任，对于我这个刚从云南农村考进北大的学生，可谓高高在上。入学前三年，我们的考古专业课沿五大段完成了旧石器、新石器、商周和秦汉考古。这三年，与先生的交往甚少。我也和多数同学那样，在先生那里应该是名字都对不上号的学生。待到上宿先生主讲的隋唐考古，已是大学四年级。我与先生真正的交往，也是从这一年开始的。

这一年，我们七七、七八级考古两个班一起上隋唐考古课。先生第一堂课

[1] 2018 年 2 月，未刊稿。

便说明：隋唐考古没有期末考试，该课的成绩依照平时课堂作业给出。这使我上课加倍认真，对先生布置的每一次作业都十分投入，竭尽全力去完成。我隋唐考古的课堂笔记、作业和宿先生在我作业上的批注，我都有保留。先生还曾利用课间就我作业上关于拓跋鲜卑的一些观点对我进行了特别的指教。随着学习的深入，自己也逐渐喜爱上隋唐考古。期末，公布了隋唐考古的分数，我得到了九十五分，这是两个班五十多位同学中唯一超过九十分的成绩。

这时已近毕业。每人都在规划毕业后的去向。我无加思索，便到历史系办公室要到朗润园宿先生家的地址，来到宿先生家，开始了与先生第一次的单独见面。坐定后即向先生表明，我准备报考由他指导的隋唐考古硕士研究生。

“行吧！”宿先生抬头看着天花板，似乎有些勉强。这让我有些不知所措。好在他接下来问我：“你的日语怎么样？”我连忙回答日语是我的第二外语，已经学了两年了。现在基本可以阅读日文原文的考古著作，等等。他说：“好啊，收集整理考古资料，日本人是有一手的。”

谈话就这样结束了。我没多想，准备投身考研了。没过几天，我去历史系，系办公室的杨克敏老师见到我便说，宿先生让我尽快去他家一趟。

赶到先生家后他便开门见山，让我转报由邹衡先生指导的商周考古的硕士研究生。他说，老邹对你在曲村的田野实习非常满意。他希望你以后能够从事商周考古。他又说，商周考古才是中国考古的根基。从学问上，中国传统、中国文明的研究都是通过商周考古的研究才能展开。从专业上，商周考古还要求古文字、古文献、青铜器等专门知识。这些知识都是历史研究的真学问。

我说我更喜欢隋唐，而且我也自信能够学好隋唐考古。听到这里，他似乎想尽快结束这场谈话，说到：“你还是报商周吧！邹衡不仅是考古专业里业务水平最强的老师，也是考古界少有的人才。你跟着他，一定能学到东西。”最后他说，“你还是去找邹老师谈谈吧”！

第二天我去了邹老师家。我和邹老师在曲村有过几次长谈，因此并不陌生。邹老师说，他从曲村回来就跟宿先生说过，希望我学习商周考古。他说，“宿先生可能忘了，才答应你报考隋唐”。他又说：“宿先生和我都认为，你学商周对你和对考古专业的好处更大。”

这次谈话让我放弃了报考隋唐考古研究生的想法。几天后，研究生招生开始报名，在考古专业的报名表上，我看到有“国内研究生”和“出国研究生”的选项。我去历史系办公室打探，杨老师告诉我，考古的出国研究生是去东京大学，录取的条件是考研成绩和加试日语。我听后心里非常高兴，“难怪宿先生问我日语怎么样！”几天的纠结一扫而空。考上东京大学成了我的新的目标。为此付出更大的努力自然不在话下。考试完毕，自己对考试的发挥也基本满意，于是对考研结果的公布充满了期待。

这时是 1982 年初，终于盼来考研结果的公布。我没料到的是：我报考的考古出国研究生和商周考古研究生两项均无人入选！

接下来公布了全班的毕业分配方案。我被分配到北大历史系考古专业商周教研室。这又是我没有料到的结果。

同学们有喜有忧，各奔东西。我拿着留校通知书来到历史系办公室准备报道。杨老师一见到我便大声说：“祝贺你，蒋祖棣，考上了东京大学！”我苦笑一下，说：“杨老师，您别挖苦我了，我连系里的研究生都没考上。”随手把留校通知书给她看。杨老师看后有些激动，“错了，错了！”她边说边打开抽屉，从一个档案袋抽出历史系的考研结果，指着我的名字说：“看！328 分！教育部规定 300 分是国内研究生的录取线，320 分是出国研究生的录取线！”

我看了以后十分激动，骑上自行车直奔邹老师家。语无伦次地把这个经过告诉了邹老师。不待老师说话，便对老师说了一句：“我不知道该怎么办！”转身离开了邹老师家。回想起来，这是我从小到大面对老师唯一的一次失态。

我回到家，父母问我考研的结果，我嚷了句：“不知道！”便关上了自己的屋门，足不出户在家待了三个星期。经过多日的前思后想，心绪逐渐归于平静，开始体会到宿、邹二位先生的用心良苦。想到我一个在云南山村的知青，如今能得到北大名师的赏识，能在北大工作，应该是很知足了。这天，李伯谦老师来到我家，跟我父母说，系里研究生的招生出现了失误。这时我的父母才对我的奇怪举动有了答案。李老师跟我说：“下周二下午系里政治学习之后，你去一趟系主任办公室，周一良先生要和你谈话”。

我当知青时能说出姓名的中国大知识分子寥寥无几，但那时就知道这位大名鼎鼎的周一良教授。那天我诚惶诚恐地来到二院二楼的历史系主任办公室，周先生已经坐在桌前。

“你就是蒋祖棣？你坐下！听说安排你留校你还有情绪？”周先生似乎有些激动，起身走到我跟前：“你以为留校不如上研究生？你以为我北大历史系会选考不上研究生的人留校任教？”

周先生转身坐下，放慢语气说：“历史研究的路很长。你刚毕业，还没真正开始做学问。中国的考古那么重要，你又有宿白、邹衡这么好的老师。好好静下心来跟他们学吧。”

我起身说：“周先生，您放心。实际上我已经想好了，准备在商周教研室努力工作。”

周先生往后一靠，说：“哎，这就对了嘛！”“回去后你代我去一趟宿白先生家，告诉他你的想法。是他专门找我，让我来跟你谈话的。”

于是我第三次去了朗润园。宿先生听我讲完周先生和我的谈话后非常高兴，跟我讲了几点意见。其一，从培养考古人才的角度，他不认为东京大学的考古比北大更好；其二，没让我上商周研究生而是留校工作，是出于教学的安排，是为了九月份即将开始的曲村实习；其三，他要求我专心跟邹老师学习和工作。我以后的发展，他和邹老师自会安排。离开宿先生家时，我跟先生道歉，说自己不应该对邹老师那么情绪化。他说：“没关系，谁让我们是老师呢！”

二

接下来我便成为历史系的教员，出任考古专业八〇级的班主任，并在邹老师的安排下，为准备八〇级在山西曲村的实习往返于太原、侯马、曲村和北京。1982 年 9 月，我以北大教师的身份，由刘绪等四位研究生协助，带领八〇级全班二十四位同学、七九级七位同学进驻曲村，展开了大规模的田野考古实习。

十月，正当实习紧张进行时，侯马工作站派人到曲村通知我说：宿白先生要来山西，北大让我到太原去迎接他。

我赶到太原的晋阳饭店，看到宿先生和山西考古所所长张颔、常务副所长王健等四、五个人在他的房间。我刚坐下不久，王健突然问我："蒋老师，北大是不是去绛县搞了考古调查？"看到我不知如何作答的神态，他转身对宿先生说："我们也是听地方上的反映，可我们没有接到北大或国家文物局的通知啊！"

我知道山西考古所历来对北大有所戒备。王健这番话是指每个大学到任何省份进行考古工作都必须具备的、由国家文物局发放的考古执照。没有执照是不能展开任何考古工作的。我突然想到这可能就是宿先生此行来山西的目的，因此更加紧张，红着脸向屋里的领导讲了事情的原委。

原来为了准备曲村实习，我住在山西考古所的侯马工作站。当时站上来了一位绛县文管会的老杨。闲聊时他说绛县有很多周代的遗址，极力劝我跟他去看看。我没多想，就跟老杨去了绛县。和老杨一起骑自行车转了一天，看了几处遗址和绛县文管会收藏的一些文物。我原以为不过是走马观花不值一提，老杨却写了文字报告，提到了我和北大。这可能引起了山西考古所一些人的关注，于是王健便当面向宿先生责问此事。

宿先生听我说完，跟我说以后要注意，然后对张颔先生说："这不算是个大事吧？"张颔回答到："不算，不算。蒋老师以后也会注意的。"张颔先生的神态，流露出对宿先生的格外尊敬。

山西所众人离开后，宿先生跟我说："你那么紧张干什么？又没做错什么事。""您来山西就为了这个？"我问道。"要是为这个就好了！"宿先生苦笑道，他接着问我："侯毅怎么样？"侯毅是七九级的学生，正在曲村实习。"挺好的，怎么突然提到他？"我一脸疑惑。"咳！我这次来，就是为了这个侯毅呦！"先生说道，随手从他的包里拿出一个公文袋，让我打开看看。

原来侯毅就是晋南人。当年为了考上大学，和老婆商量好先暂时离婚，等他考上大学就复婚。可他上了北大后似乎冷落了前妻。当年正好有"女包公"之称的中纪委常委刘丽英在山西运城严打和查办弊案。他前妻便到运城找到中纪委，状告侯毅。刘丽英见状直接裁定：开除侯毅学籍，而且明令相关部门不得更改该决定。于是北大下达了开除侯毅学籍的公文。宿先生就是为这件事来山西的。

“看上去已经无可挽回了。”我看完北大的公文后说。“是啊，可能的环节我都试过了。”宿先生说。“这事赶上了，就不好办了。”（这句话我一共听宿先生讲过两次，一次为侯毅，一次为我，这是后话。）“这次我来山西，也是想做做工作，看看山西能不能给他一点机会。”宿先生说。

山西考古所为宿先生安排了晚宴。饭前在宿先生的房间，我听宿先生跟王健谈了侯毅的事。“咋会这样呢！”王健连声说。宿先生说，“侯毅也算把考古基本学下来了。他离开北大之后，你们山西所还是给他一个安排吧！”“会的，会的。”王健答应道。

饭后我跟宿先生说：“您对侯毅真是仁至义尽了。”“谁让我们是老师呢！”他又这样答道。先生的这句话，以及他怎样处理侯毅事件，真真实实地告诉了我什么才是师德。仿效先生那般宽容和保护学生，也成了我后来面对学生突发事件的基本态度。几天后侯毅离开了曲村，也离开了北大。不久他就被山西考古所启用。而宿先生为侯毅所费的苦心，不知他了解多少呢？

三

第二天，山西考古所已经安排好，要请宿先生到太原附近刚发现的一处佛教遗址看看。我们乘坐的两辆吉普车在坑坑洼洼的山路上开了很远。车停下后，前面带路的人往上一指，告诉我们只能从这里上去了，还说路不好走，让我负责照应宿先生。我抬头一看，这是座非常陡峭的山，基本没有树，所走的路实际上就是在大小石块之间四手四脚地攀爬。我跟着宿先生走在最后，看到他十分吃力地一步步往上走。到了陡峭之处，我就先爬上去，然后伸手拉宿先生一把。我几次问他要不要歇歇，他都说“没关系，慢慢走。”他问我爬过什么样的山，我就和他聊起我在云南插队当知青，每天到十几里以外的山上砍树、搬运石头的经历。到了山顶，我们都已浑身是汗。遗址已经非常残破，只能看到残存不多的造像基座、石阶梯和铺地砖。我不懂隋唐考古，只能看着宿先生一边擦汗，一边认真地考察遗存。回程路上我问宿先生，这遗址看上去不太重要吧？宿先生说："关键是地点。这个地点有这样的遗迹，还是值得来看看的。"

从太原来到侯马，宿先生答应了山西考古所杨富斗的请求，到侯马附近杨富斗正在发掘的金代墓地参观。我们来到墓地现场，这些都是砖室墓。已经发掘的墓葬是从接近墓顶的地方开的口。杨富斗拿着手电，很顺利就先下去了。可宿先生身材比较大，下去的时候人卡在了开口，他非常费劲地上下左右挪动了很多次才终于下去了。我跟着下去，发现墓室并不大，整个墓室都用砖制的雕塑或浮雕覆盖，在灯光下十分显眼。宿先生随着杨富斗的灯光非常仔细地看着墓壁或棺床周围一幅幅砖雕，不时回答杨富斗的提问或给他讲解，"须弥座"，"天马"，"这应该是孝行图了"。接下来就由我拿着手电照明，杨富斗则在墓葬记录的写板上记录宿先生说的每一句话。看到墓壁中央的砖雕，宿先生似乎更加专注。"舞台戏剧雕塑，这可是不多见的宝贝！"他凑近戏台前表演的浮雕人物，手把眼镜往下压，用裸眼仔细观看每个人物，口中连连说着："好东西，好东西！"看到宿先生极有兴致，杨富斗和我都很高兴。回程的路上听宿先生对杨富斗说，"回去我给你个书单，好好查查墓里戏剧的种类和内容，或者这些表演的人物都是什么角色。""以前主要是通过看书和对比不同书的记载来研究当时的戏剧。有了这些实物，看起书来就应该不一样了。"这次宿先生看了两座墓葬，回到侯马工作站天已经黑了。

我随宿先生来到曲村。宿先生看望了在曲村实习的七九、八〇级的学生，也顺着曲村的街道，参观了当地存留的几座古建筑。宿先生应我们的要求，给在曲村的同学讲了一课。宿先生的课从山西的地理和山西旧石器时代文化讲起，讲述的重点竟是山西对夏文化探索，对周文化研究的意义。宿先生旁征博引，而且基本是脱稿而谈。他说："邹衡老师从山西光社文化研究先周文化，这个思路很了不起。他的这项研究是否能够成为定论，可能还要由在座的各位和你们这一代的人去评论。商周时代是造就中国文化的时代，希望靠你们的努力，进一步增加对这个时代的了解。”这一课，和我熟悉的宿先生的隋唐考古课大不相同，他讲的内容和高度都大大超出我的预期。让我这个商周考古教研室的人对他夏商周考古的知识和见解大开眼界。也让我们领略到先生的博学，领略到这位北大考古的领军人物对整个考古事业的视野和站立的高度。

1982 年 10 月山西侯马
（左起：蒋祖棣、吴振禄、宿白、叶学明、李伯谦、孟爱华）

从太原到曲村短短几天，我有机会和宿先生如此近距离地相处。回想这些天和宿先生一起的一幕幕，宿先生在我心目中从一个高高在上的中国考古学泰斗，成了一位为师关心学生、考古不畏艰苦、学识渊博严谨的前辈和榜样。我十分有幸，能被先生选中留用；北大考古有幸，能有这样一位贤者引领。

四

四个月的曲村实习结束，各方反映甚佳。宿、邹二师对我更加器重。八三年北大考古系成立，宿先生任系主任。由于青年教师奇缺，我虽是商周考古教研室的助教，也常由宿先生指派做些考古系的接洽、接待和文字工作。因此逐渐成了宿先生家的常客，只要不出差，每周会有两、三天在他家和他在一起工作。与先生的交流，少了以往的拘谨，和先生的关系更加融洽了。他很有兴趣地听我分析邹老师和社科院考古所关于二里头、二里岗的论战，听我评论先周文化的不同观点。我听他讲裴文中、讲雁北勘察团和东北发掘团，听他讲解他关于考古的“匠才”、“将才”和“帅才”的分类，从谁是当今考古界学术研究第一人的讨论，可以看出他对邹老师的赞誉和肯定。有时他会让我协助准备他必须完成的文案。这时他会从案上高高摞起的文件袋中挑出文件，让我帮助起草他需要填写的“专家意见”。为此我们对每份文件都会有简短的讨论，然后我按他的意见写出草稿，写好后交给他定夺。也因为经常在宿先生家，又目睹了一个个前来谈职称的、谈住房的、家属告状的，开证明的，请病假的等等琐事。大多数这样的来访，宿先生都刻意让我不要回避，来客也只能长话短说，不愿让我听的就只好告辞。每次来客走后我都会说：“宿先生，这系主任的工作可真不容易”。他也总是回答：“有什么办法呢，我不是早就想撂挑子了嘛！”

八十年代初，考古界开始了与国外的接触交流，北京考古圈里也悄然出现了一些噪动。在校园和研究生宿舍里，“新考古学”、“方法论”等成了年轻考古学人热议的话题。俞伟超老师是这场新思潮的主要推手，他的研究生裴安平、王文建和我是平时讨论中最积极的几个人物。1983 年，三联书店出版了哈佛大学人类学系张光直教授的著作《中国青铜时代》。“闻一以知二”，我这个商周考古的年轻教师从张先生这本书中大受启发，也在很多场合向同仁们介绍和推荐了张先生书中“聚落形态”、“商周神话”等研究方法。在俞老师的倡议和支持下，我们还在历史博物馆设立了不定期的考古论坛，邀请一些在北京的年轻考古学人参加，促进考古学方法论的讨论和交流。

一天，我在文史楼二楼考古系办公室遇到了宿先生。他说，“走，我有话跟你说。”我们走出文史楼，来到未明湖畔。

原来这时夏鼐、宿白先生和苏秉琦、俞伟超先生对待考古学方法论的立场已经出现了某种比较明显的分歧，中国考古学方法是否需要变革是冲突的关键。宿先生一向反对空谈“理论”、“方法论”，因此当他听说我参与和组织了考古方法论的讨论后十分不悦。“没想到你也卷到这花里胡哨的东西里了。”他说。“你别走偏了！我跟你说：遗物、遗址、地层学、类型学、田野考古，这些才是考古的根本。我们北大几十年的工作，就是在维护这个根本！”

先生的担忧，触动了我以前有所保留没有与先生展开交流的话题。于是我和盘托出了我的想法。大意是，您说的考古根基我们这一代人肯定还会维护。但您这一辈开创和保持的考古五大段和北大的优势，到了我们这一代就未见得能够维持得住了。从学术史的眼光，任何学科都是要发展的。我们现在对国外所谓新考古学知之甚少，哪怕是为了批判，也应该认真了解。了解的责任，非我即他。现在做旁观者，将来就可能被动。

“噢，你要这么想，那就另当别论了。”宿先生似乎陷入了思考。“看来有些工作我们没有做。”

未明湖畔的这场谈话，是宿先生第一次和我直接谈论中国考古的传承和北大考古的发展。他跟我讲了当年的全国考古训练班，讲了梁思永、夏鼐对北大考古专业和全国考古发展的深刻影响。也是通过这场谈话，我才了解到考古界老一辈学者对学科发展所持的几种略有不同的立场。宿先生让我以后不要参与理论和方法论的纷争，他对我说：“别花那个时间，都是虚的。”“你要做的就是专心业务，不要管别的。”“你就跟着邹衡，不会错的。”也是在这场谈话里，我第一次听他说“以后你的责任很大”这样的话。这场谈话大概持续了三个小时，到天擦黑才结束。此后直到现在，只要想到宿先生，我的脑海里浮现的就是他在未明湖畔的身影。

后来，在宿先生的推动下，北大考古系确实发生了一些变化：1984 年，哈佛大学张光直教授来北大讲学，宿先生指派我为张先生的助教，每天陪张先生出入勺园。其间，宿先生把我叫到他家，说有件事还没跟考古系任何人说，不过需要让我知道并且做些工作。原来宿先生已经与学校领导谈过，想请张先生从哈佛大学转到北大考古系任全职教授。宿先生让我找适当的机会先试探一下张先生的意见。我在勺园小心翼翼地跟张先生提起这件事，真没有料到张先生对此事竟然十分认真，也没料到北大二字在张先生心中如此之重。"北大是全世界中国考古学教学的中心"，张先生在《考古专题六讲》前言里写下的这句话，确实是他发自内心的、对北大的评价。这句话，也是当时张先生回答我试探问题所说的第一句话。

接下来张先生、宿先生和北大党委书记王学珍三人在勺园进行了长谈，他们谈话时我一直在楼下守候。从他们谈完的神态看，我真的以为这事已经成了（后来在哈佛我问张先生，他说这事没成是他的问题，最主要是他在美国的财务问题不好处理，等等）。

后来在哈佛张先生告诉我，他 1984 年在北大时，宿先生和他专门讨论了培养我的问题。张先生提出过几个方案。1987 年我去哈佛使用的联合培养方案，就是宿先生根据其中的一个方案推动的。这些当时我完全不知情。1986 年，我为了硕士提前一年毕业、联合培养博士生的外语口试、第二外语考试等事宜频繁往来红一楼研究生院，和院里的老师们走得比较近。研究生院的彭家声副院长跟我说："国家教委决定在北大清华试点，和世界一流大学联合培养博士。两个学校各给了十个名额，指明了全都是理工科的。你们宿白可真有本事，能说服校长，还能说服教委，愣把一个名额划给了考古系！你可是全国唯一一个文科的联合培养博士的候选人！"

可是无论事前还是事后，宿先生为我所付出的所有努力，他跟我一个字都没说过！师德，这是何等境界的师德啊！

这张照片由笔者 1984 年摄于北大勺园。（左起：张光直、李伯谦、王学珍、严文明、李仰松、宿白）

五

我从哈佛回到北大，可谓踌躇满志。我去宿先生家向他汇报我在美国的学习，把我在回程飞机上总结的想法跟宿先生和盘托出。那天谈了整整一个下午。我谈到美国社会科学、人类学、考古学和我们中文、哲学、历史学、考古学的背景和基础的不同；谈到西方考古学和西方科学的紧密联系，谈到中国考古学和国学、考据学的渊源关系；谈到美国考古和中国考古教学和训练的不同，谈到中美考古教学，尤其是研究生培养的主要区别。我跟宿先生说：我在哈佛大学一年时间太短，对这块它山之石还只知皮毛，但也算是打开了一扇窗户。透过这扇窗户，可以看出一些他们和我们的不同，但更重要的是可以看出我们的优势和不足。宿先生很认真地听我说，有时会说“好！”“好！”。当他听我说，我们可以做的实在太多了，他便问我："你就说我们考古系，现在可以开始做什么？"我回答说，"我在哈佛时就经常想这个问题。我想第一步可以做的就是扩大研究生的读书范围。我在哈佛为这件事还做了准备。这次我带回来交给考古系资料室的两箱书，都是美国人类学和考古学推崇的好书。美国书太贵，所以我带回来的书很多都是我在哈佛抽空复印和装订的。我想我们可以从这些书做起，从能读英文的学生做起，一步一步，把了解世界逐渐放到北大考古系教学体系的框架里。"宿先生听后非常高兴，说："很好！很不错！看来你的收获真的不小。等你博士答辩之后，腾出时间，我们就讨论具体怎么做。"

不料一出意外，彻底改变了一切。

1989 年上半年的北大热闹非凡，各色人物纷纷以民主之名登场。学历史的总喜欢观察，因此我并非参与学生的活动，但这些活动比较重要的公开会议我都在现场。

事件过后我以为会逐渐风平浪静，我也顺利完成了博士答辩。这是博士学位答辩会后与答辩委员会七位成员的合影。

左起：蒋祖棣、李伯谦、宿白、苏秉琦、邹衡、石兴邦、严文明、汪宁生、王迅（答辩秘书）

顺便说一下这张照片。考古系办公室为了拍好这张照片，事先排好了各位先生的站位。拍照之前，宿先生把站在他和李伯谦老师之间的邹老师推到了苏先生和石先生中间，说：“培养学生，你的贡献最大！”这张照片正好把邹老师不好意思的神情拍了下来。通过这个细节，也可以看出宿先生对邹老师的尊重。

取得博士学位后不久，学校的教务处专门找我，说是要让我填表，破格提升我为副教授，说这是教委对联合培养获得博士学位人员的特别指示。我婉言谢绝了，表示一切按正常流程就好。那时美国富豪塞克勒已经和北大签好约，要建塞克勒考古博物馆。当时的考古系主任严文明老师找我谈话，要让我担任塞克勒考古博物馆的副馆长，协助馆长邹衡先生，主要是做一些协助建馆的具体工作。我还是婉言谢绝了。经过解释，严老师只好答应了我做事但不要头衔的要求，安排我为博物馆的秘书。我拒绝这些头衔，全是出于宿先生对我的影响。“你要做的就是专心业务，不要管别的。”这是我牢记的先生的教诲。

又过了几天，考古系的赵书记特意找我，说要一起去学校谈个重要的事。我以为还是这类事，就跟着赵书记进了一个办公室，屋里有两个人，以前没在北大见过。

赵书记和其中一人商量了一下，似乎决定了由赵书记来谈。

“蒋祖棣，学校要交给你一个很光荣的任务。” 赵书记说。

“动乱之后，怎么做学生的思想工作，是新校长和更高的领导一直在考虑的问题。上面领导的意见，是在学校里选择学生认可的、学业突出的人，由他们出面写文章批判动乱。按照上面领导的这个意见，我们北大选了两个人，一个是数学系从牛津大学回来的。另一个就是考古系从哈佛大学回来的你。”

“这事我不合适。还是找别人吧！”我不假思索便回答道。

“这是上面已经定的。”赵书记语气变得有些强硬。“学校送你去哈佛不容易，你要知恩图报。”

“我在北大和在哈佛学的都是考古，没学过当代政治之类的。没有专长怎么写？”我仍企图推卸。

“文章不用你写。但要用你的名字。”旁边一人补了一句。

“谁写的文章谁签名落款。我们不是一直说文责自负吗？”我盯着赵书记说。

“你不要不知好歹。”赵书记变得有些恼怒。“你自己的事还没完呐！”说完赵书记转身，接过后面一人从抽屉里拿出来的一摞纸甩给我：“你好好看看！”

我翻了一下这些纸，原来当时学运学生在北大举行过很多次公开会议，每次会议进会场时都有一个签到簿，这些纸便是每次会议签到簿上有我签名那页纸的复印件，每页纸上还专门标明了会议的名称、时间和地点。

“等查完这些，你能不能待在北大还不好说呢！”赵书记嘴角浮出一丝冷笑。他停顿了一下，说道：“你只要同意，你在动乱中的表现，学校就不追究了。”

这句话深深地刺激了我，脑海里浮现的是“强奸”二字。脑子一热，豁出去了。大声说：“我不同意。”

屋里安静下来。谈话僵住了。赵书记似乎有些尴尬，过了一会，他说：“蒋祖棣，这可是大是大非问题，我给你几天时间再好好考虑考虑。”谈话就这样不欢而散了。

离开后我直接去了朗润园。虽然宿先生这时已不是系主任，但我知道这个赵书记因为学问平庸一向很怕宿先生。宿先生的话对他应该是管用的。

宿先生听我讲完整个过程后，思考了一番，“就算赵朝洪听我的，学校或者更高层怎么办呢？”他似乎自言自语。沉默了许久，他沉重地说：“这事赶上了，就不好办了。”

我离开朗润园又去见了邹衡老师和李伯谦老师，他们当然更没什么办法。

回到家后仔细回想了发生的一切，想到那些复印件，仅是为了一场谈话，对方便煞费苦心，做了如此准备，接下来还有多少招数是我只身能够承受的呢？

我到美国大使馆，很快办好了赴美签证。临行前一天的晚上，我去了朗润园十公寓，在宿先生家的窗外，望着二楼先生家窗前的灯光，我知道他正在伏案工作，也知道如果我去见他，也只能增加他的担忧和遗憾。我就这样站在楼下，想和先生说的话全部压在了心里，两个多小时后才离去。

一天之后我到了美国，踏上了一条不归路。放弃了自己此生甘心情愿做的事，但总算没做自己不愿意做的事。

六

我在美国硅谷边学边干，七、八年里历经了几个电脑公司，以全A的成绩完成了二十几门加州大学柏克利分校（UC Berkeley）为硅谷开发人员设立的课程，以及十几门微软（Microsoft）在硅谷开设的课程，最后进入了英特尔（Intel）总部，在设计技术部担任高级工程师，并且担任英特尔安全监察委员会成员，负责审议公司各部门和主要项目的安全机制，以及处理公司内部的违规案例。其间回国探亲时也去看望过几次宿先生。时过境迁，彼此都发些感慨而已。

时间来到九十年代末，我在英特尔做得顺风顺水，于是想回到老本行，在斯坦福大学东亚系宗教文化研究中心申请到了兼职研究员（Research Fellow, Asian Religions and Culture Initiative, Stanford University）的位置。这使我得以利用斯坦福大学的资源做些中国古代文明的研究。

研究中心的倪德卫（David Nivison）教授常年研究竹书纪年，因此和国内的学者多有交流或冲突。但随着国内夏商周断代工程的进展，他和我的交往越来越多了。倪德卫教授算是美国批判夏商周断代工程的主要人物，《纽约时报》记者曾邀请他发表对断代工程简本的看法，于是他在《纽约时报》上留下了“国际学者将把断代工程报告撕成碎片”的名言。通过交流，倪德卫十分了解我从考古的角度批评断代工程的观点。为了与断代工程辩论，倪德卫在2002年美国的亚洲年会上申请确立了夏商周断代工程的论题。出于倪德卫教授的诚恳相邀，我便参与了关于断代工程的讨论，在亚洲年会上提交了《西周年代研究之疑问——对夏商周断代工程方法论的批评》的文章，明确否定了断代工程武王克商年的研究方法和年代结论。

我把我的文章用信件寄给了邹老师。他读后十分高兴，那天我们的通话竟延续了北京时间的整整一个上午。邹老师说他已经把我的文章给了很多考古、历史界的同仁，一个个地讲每位先生如何对断代工程反感，如何表扬我的文章，等等。然后让我尽快给宿先生和俞伟超老师去电话。“他们都说有话要和你直接说！”邹老师开心地说道。

我来美国以后常和邹老师通话联系，但没有跟宿先生打过电话。电话打通后，未待寒暄，宿先生便说：“蒋祖棣，你文章怎么写得那么客气！什么“工程”，挑明了直接点李学勤的名就行了！”“我在这儿跟你说，不光是老邹和我，整个中国考古学会都支持你！”“我、徐苹芳、张忠培、邹衡、俞伟超、严文明……”他念了一遍名字，说道：“这些人，代表整个中国考古学会！不是吗？整个中国考古学会都支持你！”高兴之余，我还感到有些意外。以前跟宿先生打交道那么多年，还没见过先生如此激动。

我又按邹老师给我的电话号码，给在小汤山住院的俞老师去了电话。俞老师对我的文章大加赞扬，对我表示感谢，跟我详细讲述了在断代工程专家组会议上李学勤怎样拉大旗作虎皮，独断专行，对提出不同意见的人如何不加理睬甚至羞辱。这些内容在邹老师给我的信件中也多次提及。他还又一次跟我讲述了断代工程成立之前，李学勤在北京召集的由十多位历史、考古的顶尖学者参加的会议，讨论由国务委员宋健提出的、改写中国历史纪年的可行性。经过简短的讨论，所有与会的学者都认为此举不可行。这个会议的结论是责成李学勤向上汇报，取消相关的研究规划。可此后不久，媒体竟大张旗鼓宣布夏商周断代工程成立了。“除了李学勤之外，参加那次会议的学者都靠边站了”，俞老师说，“压抑啊！明明不可为而为之。我们这些人，除了老邹、张忠培之外，甚至宿白、徐苹芳，这几年都被压得喘不过气来啊！”通过与宿先生和俞老师的谈话，我感到由于李学勤和断代工程，考古界的学术氛围明显发生了变化，宿先生和俞老师之间多年存在的某种隔阂已经涣然冰释了。

那时我每周都和邹老师通几次电话，听他讲李学勤怎么组织断代工程开会批判我的文章，会上如何争论，如何无人承担批判文章执笔者的任务，等等。邹老师还告诉我，他曾与历史博物馆馆长朱凤瀚说定，由《中国历史博物馆馆刊》出版我的文章。可是李学勤知道后对朱凤瀚施压，逼迫朱凤瀚撤销了这篇文章的出版计划。后来李学勤还在断代工程会议上传达宋健的指示，说我的这篇文章不能在国内发表。宿先生听到这个消息后跟邹老师说，他要和我讨论出版这篇文章的事。因此邹老师让我直接跟宿先生谈。

我再次给宿先生去了电话。电话挂通后，宿先生说他已经跟徐苹芳说好了，把我的文章放在《燕京学报》上发表。“徐苹芳说最快明年下半年就可以登出来。”然后又说，如果要更快出版，文物出版社有一个给他贺寿的文集，现在刚交付印刷，“如果你同意，我可以把这个集子叫回来，加上你的文章再印。”宿先生说。

“太好了，宿先生，当然是发在给您贺寿的文集上啦！”我连忙说。“好什么！《燕京学报》是学术期刊，影响力会大一些。”他似乎要提醒我。“宿先生！我哪还在乎什么影响力！能在给您祝寿的文集上发表文章，是我求之不得的事，也算我没有完全辜负老师您的培养。”我语气有些激动地说。

“行吧。”宿先生说。

几个月以后，文集出版了。我这篇得到宿先生肯定的文章，终于随宿先生纪念文集公布于世了。在宿先生的祝寿文集上发表文章，对我这个没能一直守在老师身边的学生，也算是对先生有了一个交代吧。

2018 年 2 月

以下列出我曾籍先生名号公开发表的文字，以表达学生对已故各位老师的思念：

- 蒋祖棣：《中国古代文明的全新观察——读张光直先生的两部考古学论集》，《读书》1987 年第 3 期，3-12 页。生活·读书·新知三联书店，1987 年，北京。

- 蒋祖棣：《西周年代研究之疑问——对夏商周断代工程方法论的批评》，《宿白先生八秩华诞纪念文集》编辑委员会编：《宿白先生八秩华诞纪念文集》，89-108 页。文物出版社，2002 年，北京。

- 蒋祖棣：《二十世纪夏商周研究的进展》，北京大学考古文博学院编：《考古学研究（五）——庆祝邹衡先生七十五寿辰论文集》， 13-24 页。科学出版社，2003 年，北京。

- 蒋祖棣：《系列样品的考古质疑》，北京大学考古文博学院、中国国家博物馆编：《俞伟超先生纪念文集》（学术卷），66-84 页。文物出版社，2009 年，北京。

附件 9

李学勤和当代中国历史研究的转向[1]

蒋祖棣

北京清华大学教授李学勤最近去世。2 月 25 日，《光明日报》以“一生追索历史，他把自己也写进了历史”为题给予他极高的评价[2]。3 月 1 日，《纽约时报》报导他的去世则写到：“李学勤以出色的政治头脑和智慧，促成了中国历史研究转向到对国家往昔荣光的重视”[3]。

李学勤是大陆官方二十年来一直奉为历史界泰斗的人物。以上两篇颇具代表性的报导，都肯定了他在大陆史学界的重要地位。但《纽约时报》关于他有“政治头脑”、对他造成中国历史研究“转向”的评论似乎颇为显眼，引起不少中国历史爱好者的关注。

提起李学勤的“政治头脑”，界内人士不会忘记他在 1957 年《考古学报》

---

[1] 2019 年 3 月，未刊稿。

[2] 邓晖：《一生追索历史，他把自己也写进了历史》，《光明日报》2019 年 2 月 25 日第八版。光明日报社，北京。

[3] Ian Johnson, *Li Xueqin, Key Historian in China's Embrace of Antiquity, Dies at 85*，The New York Times, March 1, 2019, Obituaries, B15. 中文译文可参见《纽约时报》中文网（*https://cn.nytimes.com/*）。笔者的译文与《纽约时报》中文网的译文个别文字有所不同。

第三期发表的《评陈梦家〈殷虚卜辞综述〉》[4]。当时正值反右，陈梦家先生被打成右派。李学勤行文指责陈梦家撰写《殷虚卜辞综述》“没有完全采取实事求是的态度，以致编制草率，出现很多错误。”甚至嘲讽陈梦家“自命甚高”，“在《综述》中竭力鼓吹自己”。

读者可能很难想象，一位年仅二十四岁、没有大学学历、没有师门师传的人，竟能在全国顶尖的考古学术期刊上用如此刻薄的语言嘲弄一位海内外公认的、中国古文字和古史研究领域最高水平的大师。固然是大环境使然，但如果不是李学勤“政治头脑”对政治风潮的敏锐判断，这篇文章如何得以问世？

上引《纽约时报》也提到了李学勤对陈梦家的批判，文章还引用了美国达特茅斯学院（Dartmouth College）教授、与李学勤有密切合作关系的艾兰女士（Sarah Allan）对此事的评论：“这是他一生中最严重的一个污点，”艾兰说。“他总说他无能为力。”[5]

可实际情况并非如此。据胡厚宣先生回忆，当时科学院的领导也曾动员他和张政烺先生出面批判陈梦家，胡先生明确表示“不干这种缺德的事”，张先生也没有答应[6]。再据当时考古研究所办公室王世民先生的回忆，考古所召开批判陈梦家会议时有人拒绝参加，有人敷衍，唯有李学勤为配合对陈梦家的批判在会后写下了这篇文字[7]。

这只是李学勤第一次展现他的“政治头脑”。从此他凭借他灵敏的“政治头脑”逐渐在历史界崭露头角，扶摇直上。文革初期他批判顾颉刚先生大字报的内容已不可考，但文革期间他署名或以化名“仪真”在《文物》月刊上发表的多篇迎合政治风潮的批判文章，白纸黑字依然可以查阅。踊跃投入政治运动的

---

4 李学勤：《评陈梦家〈殷虚卜辞综述〉》，《考古学报》1957 年第三期，第 119-129 页。考古杂志社，北京。

5 见注 2。

6 朵渔：《陈梦家：生当乱世如浮萍》，《同舟共进》2014 年第 10 期。《同舟共进》月刊，广州。

7 方继孝：《耿介敢言忠诚于学术的一代学人——于省吾与陈梦家》，《关东学刊》，2017 年第 10 期。《关东学刊》月刊，长春。

李学勤并非“无能为力”，相反，他是中国历史界中最有非凡“政治头脑”的典型人物。换言之，在中国历次政治运动中，历史、考古界都不乏积极参与者，但要列出其中最具代表性的人物，非李学勤莫属。

九十年代初的“走出疑古时代”[8]，是李学勤“政治头脑”大爆发的产物。这时的李学勤已跃升为中国社会科学院历史研究所所长，是历史界的头面人物。他摸准了上方对中国“五千年文明史”情有独钟和对中国历史年表的不满，提出了“走出疑古”的口号。为了推行他的“走出疑古”，李学勤不顾九十年代中期学术界几乎所有名家的反对，利用政府高官，贸然组织了“夏商周断代工程”。据北京大学邹衡教授、中国历史博物馆馆长俞伟超先生对笔者的讲述，当时李学勤召集包括他们二位在内的十几位历史、考古界的知名学者开会，由李转达国务委员宋健的意见，要立项解决古史年表精确纪年最早只到公元前 841 年的问题。会上所有学者都认为学术上并不具备解决这个问题的条件，责成李学勤向宋健汇报，取消这个立项。李学勤在会上也表示同意大家的意见，承诺向宋健汇报这次会议的结论。但此后不久，这些与会的学者通过电视、报纸才知道“夏商周断代工程”已经成立。“除了李学勤之外，我们所有参加会议的人都靠边站了。”俞伟超先生说。在写给笔者的几封信件中，邹衡先生对李学勤频频借宋健之名操弄夏商周断代工程也多处表达过不满。

“夏商周断代工程”的正式启动，在几千年的史学史上创立了用国家“工程”取代“百家争鸣”解决历史争论问题的先例。“工程”为李学勤排斥异己、压制不同意见提供了极好的工具和保护。从此李学勤彻底赢得了中国史学的话语权。不过，史家之优劣毕竟不是由一时的权力来决定，学术上的百家争鸣和评判，才是检验学术论断是否成立的正道。

众所周知，完成夏商周断代工程，首先必须解决的是中国史学两千多年未解的克商年，也就是西周第一年的具体年代问题。在考古和历史文献研究没有重要突破的情况下，李学勤等工程负责人贸然设计了以非文字证据研究克商年

---

[8] 李学勤：《走出“疑古时代”》，《中国文化》，1992 年第二期，《中国文化》半年刊，中国文化杂志社，北京。

的错误方法，由工程碳十四“首席科学家”在多处违背考古、放射性碳等学科规范的情况下推出了所谓“克商年范围”。然后用这三十年的“克商年范围”排除和挑选两千年来诸家的克商年研究，进而得出了不科学、不严谨和不可靠的克商年结论。

工程《简本》[9]发表后，遭到海内外各方人士的强烈批评，批评中所揭示的工程碳十四“拟合”计算的错误十分明显[10]，甚至工程内部的一部分碳十四专家和相关的考古负责人数年后也联名在美国《放射性碳》杂志上刊文[11]，以新的、更加宽泛的克商年范围计算结论，否定了《简本》公布的“克商年范围为公元前 1050-前 1020 年”的错误结论。这样，夏商周断代工程基于错误的“克商年范围”挑选和推导出的克商年便不能成立。还有，工程专家组的天文专家也公开发表文章，明确指出《简本》克商年天文研究所依据的《国语》伶州鸠的记载并不可靠，“不能根据伶州鸠所述伐纣天象推求克商年代”[12]。这些工程内部专家经过认真研究，公开发表文章纠正《简本》克商年研究出现的严重错误，《简本》“夏商周年表”基于克商年推导出的所有早于克商年的年代也失去了成立的基础。令人惋惜的是：此后十多年来，李学勤等人并未以内部专家公开纠正工程碳十四计算错误和天文研究错误为契机，及时匡正《简本》年代研究的重大错误，也未主动承认工程克商年研究方法的失当。却将错就错，一意孤行，

---

9 夏商周断代工程专家组：《夏商周断代工程 1996-2000 年阶段成果报告(简本)》，世界图书出版公司，2000 年，北京。

10 蒋祖棣：《西周年代研究之疑问——对夏商周断代工程方法论的批评》，《宿白先生八秩华诞纪念文集》，第 89-108 页，文物出版社，2002 年，北京。该文之摘要和许倬云先生按语发表在《汉学研究通讯》第二十一卷第四期，第 1-4 页。汉学研究中心，台北，2002 年。

11 Zhiyu Guo, Kexin Liu, Sixun Yuan, Xiaohong Wu, Kun Li, Xianyang Lu, Jinxia Wang, Hongji Ma, Shijun Gao, Lianggao Xu: *AMS Radiocarbon Dating of the Fengxi site in Shaanxi, China*，Radiocarbon，Vol 47, No 2，p221-229，2005。这篇文章把克商年范围改订为公元前 1060-前 1000 年。该文发表前后，笔者与北京大学重离子物理研究所的郭之虞教授在硅谷和北京有几次当面的交谈甚至争执。但笔者十分敬佩郭先生团队坚持学术操守，改正工程简本“克商年范围”错误的勇气。

12 张培瑜：《试论<左传><国语>天象纪事的史料价值》，《史学月刊》，2009 年第 1 期。

致使夏商周断代工程在克商年研究的学术史上留下了鲜活的失败范例，成为这一代史学为后人留下的难以抹去的污点。

更令人遗憾的是，李学勤等不仅对夏商周断代工程的失败轻描淡写，反而变本加厉地在历史考古界全面推行他的“走出疑古”。他反复解释“走出疑古”是为了“释古”。但实际上，“释古”从来都是历史学者的责任。李学勤用“释古”与新文化运动以后顾颉刚等人掀起的“疑古”思潮相对立，就是要否定以顾颉刚为代表的“疑古派”几十年来厘清上古史料神话传说成分的努力，达到他用古史传说来“重新估计中国古代文明”的目的。或者更直白地说，他不过是用“走出疑古”来非难“疑古派”，排斥界内一大批对他的学术道德和学术研究不认同、敢于公开批评他的学者，削弱甚至剥夺他们的话语权，凭借政治力量巩固自己在历史界的地位。

利用“多学科研究”、利用古史传说、甚至利用西方人类学的“国家”、“文明”等概念“重新估计中国古代文明”是最近二十年李学勤带领中国历史学实现“走出疑古”具体的操作手段。在“多学科研究”进行克商年的研究失败之后，李学勤们操作的重点便是为考古遗存加贴取自古史传说的标签，或取自西方人类学的“国家”、“文明”等标签。这令中国顿时出现了“良渚文明”、“夏文明”、“禹都”、“尧都”、“唐尧观象台”、乃至“伏羲墓”、“女娲墓”、“女娲遗骨”等等令人眼花缭乱的标记。这些标签的作者不靠足够的文字证据，无须坚持严谨的学术操守，不顾今后学术界严苛的检验，仅凭自己对文献或传说的肤浅解读，凭个人对考古资料的简陋认识，凭本阵营同僚的蜂拥附和，便大胆放肆地为考古遗存臆造出各种文化标记。这一系列借考古遗迹杜撰历史的行为，加上媒体海量的夸张渲染，造就了当下的文化浮夸热潮。究其原因，盖出于李学勤“政治头脑”所掀起的“走出疑古”思潮的引导，出于李学勤长期在历史界排斥异己所达成的反对声音的消弭。从这个意义上，李学勤的确造成了近二十年中国历史研究的“转向”。当代历史学人，无论身居何处、位居何职，只要史德尚存，就应该阻止这种学术上“趋邪而弃正”[13]的“转向”，拨乱反正，推动中国历史考古研究重归正轨。

回到开头，《光明日报》所言李学勤“把自己写进了历史”的确已成事实。他在学术史上已经为自己留下了抹之不去的斑迹。后人如何评价他，我们不得而知。但文献中对于过往史家的评论甚多，其中不乏赫然有声之论。以下摘引一段，也望当代历史考古诸君引以为鉴：

> 子曰：“汝为君子儒，无为小人儒。”儒诚有之，史亦宜然。盖左丘明、司马迁，君子之史也；吴均、魏收，小人之史也。其熏莸不类，何相去之远哉？

刘知几 《史通》[14]

---

[13] “ 邪正有别，曲直不同。若邪曲者，人之所贱，而小人之道也；正直者，人之所贵，而君子之德也。然世多趋邪而弃正，不践君子之迹，而行曲自陷。小人者，何哉？语曰：‘直如弦，死道边；曲如钩，反封侯。’”刘知几：《史通》，《卷七 • 内篇 • 直书》，景印《文渊阁四库全书》，685 册，第 56 页。台湾商务印书馆，1986 年，台北。

[14] 同上，刘知几：《史通》，《卷十八 • 外篇 • 杂说》第 136 页。

附件 10

二十世纪夏商周研究的进展[1]

蒋祖棣

梁启超、钱穆曾分别在二十世纪二十年代和三十年代写下《中国近三百年学术史》的著作[2]。如果按照他们的说法，把历代中国知识分子对史学、文献学、文字学和金石学所做的贡献统称为学术，那么与夏商周三代相关的研究，应该就是中国学术主要的内容了。自先秦诸子到乾嘉学派，历代知识分子费尽移山心力，留下大量有关三代的研究著述，也产生了若干影响至今的著名作品。然而就对夏商周三代的总体认识而言，两千多年来却少有进展[3]。二十世纪，是传统中国学术发生彻底变革的世纪。人们常常以胡适等的新文化运动，或顾颉刚等的《古史辨》来谈论这个变革。而实际上，有关夏商周研究的革新和突破，以及由此产生的对三代社会和历史整体的和全新的认识，才是中国学术发生基础变化的更深刻的标志。

---

1 《二十世纪夏商周研究的进展》，北京大学考古文博学院编：《考古学研究（五），庆祝邹衡先生七十五寿辰论文集》，第 13-24 页。科学出版社，北京，2003 年。

2 梁著最初为作者 1923-1925 年在清华、南开大学执教的讲义。后收入《饮冰室合集》第十七册，中华书局，1932 年。钱著 1937 年由商务印书馆出版。

3 《论语•八佾》："子曰：夏礼吾能言之，杞不足征也；殷礼吾能言之，宋不足征也；文献不足故也；足则吾能征之矣。"东周的孔夫子曾无可奈何地表示，关于夏商在文献上是说不清楚的。孔子之后直到晚清，以经学为主旨的历代学术，也未能对孔圣人所叹的这一缺失作任何值得称道的补充。

二十世纪的夏商周研究从根本上改进了两千年来对夏商周三代的认识——这一点是不难证明的。试问一百年前，人们对夏商周的认识超出孔夫子、司马迁多少？汇集清代学术精华的《皇清经解》，又对认识夏商周三代有何等的助力[4]？

中国历史在二十世纪发生的深刻变化，是夏商周研究取得巨大进步的基础。众多考古学、文字学、文献学以及其他学者，根据自己所处时代的历史环境和学术条件艰苦努力，共同推动了夏商周研究的进步。而从学术史的角度谈论二十世纪夏商周研究的进展，我们便要以其中最重要、最有代表性的作品来归纳。所谓重要和具有代表性，不仅指其论前无古人而有创新，更指其开学术风气，或方法为一代所模仿，或结论为一代所沿用。在世纪之交回顾二十世纪的夏商周研究，有哪些堪称这样的代表呢？我们接下来就来讨论这些具有里程碑意义的作品。

一、王国维《殷卜辞中所见先公先王考》[5]

鸦片战争的硝烟，遏止了盛行百年的考据之风。至十九世纪后半，列强凌弱，国门渐开，以至西学东渐。学术上，旧学没落而新学待起。王国维便是这承前启后的代表。

4　阮元主编《皇清经解》收 73 家，183 部，1400 卷，道光九年（1829 年）九月。王先谦主编《皇清经解续编》再收 110 家，209 部，1430 卷，光绪十四年（1888 年）六月。《皇清经解》集清代考据之大成。关于文献的校勘和训诂，清代的研究是登峰造极的。笔者在做学生时曾读过几部考据名著，很少体会梁启超“如啖甘蔗，愈啖而愈有味”（注 2 梁序）的境界，反而一直难忘其苦涩。现在到了信息时代，能和先贤们比诵经背史的学者大概会越来越少了。因此，笔者建议用数据库把《皇清经解》等进行处理，达到用书名、人名和关键字等标准进行索引的目的，使清代的考据学遗产为后人所用。

5　在文中或称《先王考》。包括作者先后完成的三篇作品：《殷卜辞中所见先公先王考》1917 年 2 月石印本，收入《观堂集林》卷九。《殷卜辞中所见先公先王续考》1917 年 2 月石印本，收入《观堂集林》卷九。《殷卜辞中所见先公先王考附注》，见《王忠懿公遗著》初集《观堂别集补遗》，1927 年，又收入《观堂集林》卷九。

十九世纪末发现了甲骨文。1903 年，刘鹗的《铁云藏龟》问世。到 1914 年，罗振玉完成了甲骨文的最初的整理和考释[6]。甲骨文的问世，为中国学术发展提供了转机。王国维以他学术上的敏锐和考据上的才华，最先捕捉到这个机会。写于 1915 年的《殷虚卜辞中所见地名考》，可以算王国维在甲骨文上的习作[7]。而两年以后的《殷卜辞中所见先公先王考》则把甲骨文和文献历史紧密结合在一起，成为一篇划时代的作品。

《先王考》是中国学术史上第一篇以商代文字考订商代历史的作品。在这篇作品中，作者考订出商代二十九个王之中的二十一个在卜辞中的存在。这就明确地否定了疑古见解，证明了文献历史的可靠性。

至于具体的文献，在几个月后完成的《续考》中，作者进一步比较了《史记•殷本纪》和《汉书•古今人表》有关商王的记载，得出了“由卜辞证之，以殷本纪所记为近”的结论。这一步，终于走出了自古以来以文献考证文献的陈规。以商代文字评估有关商代的文献，当然可以得出比传统文献考据更为可靠的结论。

以商代文字考订商代历史，以商代文字评估有关文献，《先王考》这两个开创，其意义都远远超出了商代历史研究本身。王国维本人，也因为获益于甲骨文研究，从一个典型的训诂考据的旧式学者，发展成一个主张“以地下史料印证文献史料”[8]的新派学者。这个转变，就是本文所讨论的，二十世纪夏商周研究从旧学走向新学的第一个里程碑。

《先王考》开风气之先，成为一代学术的经典。后学或袭其方法而研究卜辞，

---

6 见罗振玉《殷墟书契》，国学丛刊石印本；1911 年；《殷墟书契菁华》，1914 年 10 月影印本；《殷墟书契考释》，1914 年 12 月石印本。

7 王国维：《殷虚卜辞中所见地名考》1915 年 4 月，《雪堂丛刻》所收。见《王忠慤公遗著》初集《观堂别集补遗》，1927 年。从卜辞研究的功力看，这篇总共四百多字的作品，和两年之后的《先王考》是难以相提并论的。但与同期其他研究卜辞的学者比，作者的选题已经是胜人一筹了。

8 王国维：《古史新证》，清华研究院油印讲义本，1925 年 8 月。又见《国学月报》二卷 8-10 号合刊（王静安专号），1927 年 10 月。

或借其结论而考订商史，甚至沿用其名而继续发挥[9]。以商代文字论订商代历史终于成为潮流。

在《先王考》完成的同一年，才思敏捷的王国维把自己的研究心得进一步发挥，写成了《殷周制度论》[10]。本文结尾还会谈到这篇作品。

陈寅恪总结王国维的治史方法是“取地下之宝物与纸上之遗文互相绎证”[11]，也就是所谓的“二重证据法”。但王国维所处的时代的“地下之宝物”，在种类和数量上都是十分有限的，更谈不上科学性和系统性。后来的学者在这个方向上的努力，才使得夏商周研究更上一层楼成为可能。

二、李济等《安阳发掘报告》[12]

二十世纪二十年代末，新成立的中央研究院历史语言研究所展开了对殷墟的考古发掘工作。《安阳发掘报告》便是为了及时反映殷墟发掘和研究成果而设的专刊。

殷墟发掘，代表着中国现代考古学的初创，其中有正反两方面的背景。一方面，刚刚兴起的甲骨学似乎又在重复金石学收购古董获取材料的老路[13]；另一方面，一些有远见的中国知识分子已经明确意识到现代科学对历史研究的积极意义。当时主持中央研究院的蔡元培，正是后一种代表。在为《安阳发掘报告》作的序文中，他写道：

---

9 朱芳圃：《殷卜辞中所见先公先王再续考》，《新中华》第五卷第四期，1927 年 2 月。又见吴其昌：《殷卜辞中所见先公先王三续考》，《燕京学报》第十四期，1933 年 12 月。

10 王国维：《殷周制度论》1917 年 7 月。收入《观堂集林》卷十。

11 陈寅恪：《王静安先生遗书序》，《王国维遗书》，商务印书馆，1940 年。

12 李济主编：《安阳发掘报告》，《中央研究院历史语言研究所专刊》，第一期，1929 年 12 月；第二期，1930 年 12 月；第三期，1931 年 6 月；第四期，1933 年 6 月。

13 李济在《现代考古学与殷墟发掘》中讲了一个故事：当董作宾要去殷墟发掘时，许多友人笑他多此一举：“你何不叫人掘出来，去收买；又省钱，又省事，何必自己找麻烦呢?”李济还谈到，由于古董商对带字“龙骨”出价不凡，伪刻卜辞在当时也成了风气。董作宾为研究卜辞的刻法，还曾和当地造伪的工匠交过朋友。见上注，第二期。

> 中国的历史人文之学发达在自然科学未发达之前，西洋的历史人文之学则发达在自然科学既发达之后；所以他们现在的古学有其他科学可资凭借。……我们若不扩充我们的凭借，因此扩充或变易我们的立点和方法，那里能够使我们的学问随着时代进步呢?[14]

这实在是一番高瞻远瞩的阔论。一语言中传统学术的弊端，以及学术的发展方向。我们现在应该庆幸：在二十世纪二十年代建立中央研究院时，是这样一位贤能担任了中研院院长。在他的主导之下，中国考古学的建立，也就是必然发生的事了。

由李济主编的《安阳发掘报告》出版于 1929 年到 1934 年间，一共出版四期，包括了第一次到第七次殷墟发掘的成果。作者有李济、董作宾、傅斯年、梁思永、郭宝钧、吴金鼎、石璋如和徐中舒等。《安阳发掘报告》第一次展示了经由科学发掘的商代卜辞和遗物。这对王国维以前的旧式学者是无法想象的[15]。对于后来的中国考古学，《安阳发掘报告》的主要意义是：

1. 首创地层学和考古学文化的研究。其中的代表作是梁思永关于仰韶、龙山和商文化“后冈三叠层[16]”研究，以及李济、徐中舒关于仰韶文化和商文化的研究[17]。

2. 首创陶器订名以及遗物的分类研究。李济的《殷商陶器初论》，“由铜器的名称推定陶器的名称[18]”，初步确定了商代陶器的订名，并且介绍了埃及学者的陶器分类法。在对铜镞的研究中，李济把铜镞分成四式，每式之中或有若干“类”，每类之中或有若干“种”[19]。董作宾在卜辞研究中，则有精采的、关于

14 蔡元培：《安阳发掘报告序》见注 12，第一期。

15 李济曾经提到，在王国维去世前不久，同在清华研究院的李济曾给他看过西阴村发掘所得的陶片和石器。这是王国维仅有的接触考古发掘品的机会。见李济：《南阳董作宾先生与近代考古学》，《董作宾先生逝世三周年纪念集》第 2 页，艺文印书馆，台北，1966 年。

16 梁思永：《后冈发掘小记》，见注 12，第四期。

17 李济：《小屯与仰韶》，见注 12，第二期。徐中舒《再论小屯与仰韶》，见注 12，第三期。

18 李济：《殷商陶器初论》，见注 12，第一期。

19 李济：《民国十八年秋季发掘殷墟之经过及其重要发现》，见注 12，第二期。

“贞人”分类的研究[20]。

3. 首创考古专题研究。除陶器和地层等专题研究之外，还有关于卜辞、俯身葬、冶铜术等根据考古遗迹遗物进行的专题研究[21]。

4. 首创田野考古作业制度。通过第一次到第七次殷墟发掘，以及董作宾、李济、郭宝钧、梁思永、吴金鼎和石璋如等人整理的发掘报告，基本确立了一套完整的田野考古作业的法则。包括发掘方法（绘图、照相、探沟和地层划分法），登记方法（出土遗物分类、编号和登记制度），以及报告编纂方法（包括由地层到遗迹再到遗物的报告结构；遗物的分类描述；插图和图版的运用；乃至报告的文风和术语）等等[22]。

殷墟发掘和《安阳发掘报告》的问世，标志着中国现代考古学的建立。也是二十世纪夏商周研究的重要里程碑。新的、科学的出土资料从此走进夏商周研究。在对新出土或传世文物的研究中，也出现了崭新的方法。以下要谈到的就是研究法上的突破。

三、董作宾《甲骨文断代研究例》[23]

董作宾 1928 年曾主持过第一次殷墟考古发掘。李济后来谈到，他 1929 年到任主持史语所考古组时，曾与董作宾达成共识，由董负责卜辞的整理和研究，李济负责殷墟考古及其他各项[24]。董作宾果然不负众望，在卜辞研究中做出了非

20 董作宾：《大龟四版考释》，见注 12，第三期。

21 董作宾：《新获卜辞写本》，《新获卜辞写本后记》，见注 12，第一期。董作宾：《大龟四版考释》，《卜辞中所见之殷历》，见注 12，第三期。傅斯年：《新获卜辞写本后记跋》，见注 12，第二期。李济：《附身葬》，见注 12，第三期。刘屿霞：《殷代冶铜术之研究》，见注 12，第四期。

22 这个题目涉及太多细节，恕不一一注出。请详见有关报告得其精要。

23 文中或称《断代例》。见董作宾：《甲骨文断代研究例》，《中央研究院历史语言研究所集刊》外编第一种上册 323-424 页，1933 年 1 月。

24 见注 15 引文。

凡的贡献。《甲骨文断代研究例》就是最突出的代表[25]。

《断代例》列出了世系、称谓、贞人、坑位、方国、人物、事类、文法、字形和书体等甲骨文断代的十个标准。由这些标准对所见卜辞综合研究，作者把出于殷墟的甲骨文分为五期，分别代表从武丁到帝辛时期。

如果把世系看成是对王国维《先王考》的承袭，其他标准便是作者的创造。其中最精采的是对贞人，即所谓“同版共卜”的研究[26]。把同见于一片卜骨的贞人相互连接，便可得出同一时代的贞人集团。不同的贞人集团，也就成了划分时代的重要标准。这个逻辑，和考古研究中“典型单位”、“典型器物”的地层和类型研究有异曲同工之妙。作者后来表示，这个方法，是从考古发掘中得到的[27]。

“这可以说是今后研究甲骨文字的一个新方案。”《断代例》第一句话，作者便开宗明义，为自己的作品对于学术界的贡献做出了估计。的确，把以往笼统视为商代的卜辞，区分为从武丁到帝辛五个不同时期的卜辞，这当然是学术上的一大进步。在文章结尾，作者进一步谈到甲骨文分期研究的意义：

1. 可以还他殷代每一帝王的真实而贵重的史料。
2. 可以编著每一帝王的传记。
3. 可以作各种专史的研究，如礼制、历法、地理等。

---

25 董作宾1945年完成的《殷历谱》是他本人最满意的作品。不过《殷历谱》仍然承袭了《甲骨文断代研究例》的方法。见董作宾：《殷历谱》，《中央研究院历史语言研究所专刊》，1945年4月。

26 详见注23第三节，贞人，以及同文的表3、表4和表5。顺便说一句，作者对贞人“同版共卜”的研究，首先见于《大龟四版考释》（注20）中。在那篇文章中作者还泛泛列出了坑位、同出器物、贞卜事类、所祀帝王、贞人、文体、用字和书法等八项断代标准。

27 董作宾后来回顾自己的研究时说到：“民国二十一年我发表《断代研究例》一文，只有少数学者赞成这种方法。……直到我应用断代方法写定了《殷历谱》，胡厚宣君也用分期方法发表了《甲骨学商史论丛》之后，我想不会再有人怀疑这种方法了。可是这断代分期研究的新方法，追本溯源，不能说不是从发掘工作中得来的。”见《殷墟文字·甲编》董作宾自序，中央研究院历史语言研究所：《中国考古报告集》之二《小屯》第二本，商务印书馆，1948年。

4. 从各期史实中，可以看出殷代的发展程序。
5. 从各期文字中，可以看出殷代文化演进的阶段。
6. 对于发掘工作，由每坑卜辞的时代，可以证明同出的一切遗物的时代。
7. 可以印证古代记载里的真实材料。
8. 可以纠订前此混合研究的各种谬误。[28]

几十年后我们回顾学术的发展。《断代例》所提的“方案”，已经成为甲骨文研究的基础。文章所论的五期说，也成为殷墟分期的重要标尺。更重要的是，中国现代考古学的分期断代研究，就是从这篇文章开始的。

四、郭沫若《两周金文辞大系图录考释》

1933 年 2 月，旅居日本的郭沫若看到了《甲骨文断代研究例》三校稿本，盛赞“如是有系统之综合研究，实是自甲骨文出土以来所未有”[29]。一年多以后，郭沫若完成《两周金文辞大系图录考释》，在其中《两周金文辞大系图编序说——彝器形象学试探》一文中，作者把中国青铜器分成四期，并且阐述了分期的方法：

---

28 在这里董作宾把印证文献，纠正以往研究的错误放在并非头等重要的位置。这和王国维“以地下史料印证文献史料”是有区别的。在董作宾看来，经过缜密研究的考古材料非但可以“证史”，更可以“补史”，甚至“建史”。这就是考古上做分期研究的真正目的。董作宾以后，中国考古的分期和年代的研究是越做越细了。但对一些研究者来说，作这分期的目的却越发地不清楚了，以致为分期而分期似乎成了时尚。在最近的一些研究中，有的学者更以为自己的分期加上 ^{14}C 测定，“对于武王伐纣之年的最终确定有重要作用”（见中国社会科学院考古研究所丰镐工作队：《1997 年沣西发掘报告》，《考古学报》2000 年 2 期第 242 页）。用同样的逻辑和方法，也许接下来便是用考古分期和 ^{14}C 编出一部夏商周甚至尧舜禹的年谱了。不过就方法论讲，作者自己是否真的坚信由这相对准确的考古分期和相对准确的 ^{14}C 测定，最终可以“确定”绝对准确的具体年代？换个简单的问法，作者是否真的坚信这“相对+相对=绝对”的逻辑可以成立？

29 郭沫若：《卜辞通纂•后记》，日本东京文求堂石印本，1933 年。

第一期滥觞期，大率相当于殷商前期；
第二期勃古期，殷商后期及周初成康昭穆之世；
第三期开放期，恭懿以后至春秋中叶；
第四期新式期，春秋中叶至战国末年。

以上时期之分，除第一期外，均有其坚实之根据，而事且出于自然。盖余之法乃让铭辞史实自述其年代，年代既明，形制与纹缋遂自呈其条贯也。形制与纹缋如是，即铭辞之文章与字体亦莫不如是。[30]

郭沫若的分期方法，还见于同著的《列国标准器年代表》。其中按年代列出春秋战国的 30 件标准器。

从方法论的意义上看，《两周金文辞大系图录考释》和《甲骨文断代研究例》出于十分相似的逻辑：首先尽量网罗标本；在众多标本中依照文字上的证据挑选出可作时代标尺的典型标本；根据时代排列出典型标本的先后；把其他标本靠入风格近似的典型标本；最后依照总体的异同把所有标本划出早晚不同的几类，从而达到分期的目的。

把以上“依照文字的证据”换为“依照地层的证据”挑选典型标本，便可将同样的逻辑推广到陶器或其他出土遗物的分期研究中去。这也正是后来中国考古学分期研究中最常见的方法。因此，这两部作品都是类型学和分期研究的典范。

《两周金文辞大系图录考释》第一次对中国千年以来著录的青铜器作了科学的分期研究，打破了自北宋吕大临、薛尚功以来一直沿守的金石著录传统，大大提高了传世青铜器的学术价值。此后，作者的分期结论虽被不断地校正，但“标准器法”却成为诸家凭借的方法，在考古分期研究中逐渐地流行起来。

《两周金文辞大系图录考释》是郭沫若学术研究中最杰出的作品。作者后

[30] 郭沫若：《两周金文辞大系图编序说——彝器形象学试探》，《两周金文辞大系图录考释》，1935 年印于日本。又见科学出版社增订版，1958 年。

来着力于用马克思的社会形态来研究夏商周历史，在转变中矫枉过正，自己彻底否定了包括这篇作品在内的研究。这对于学术研究和作者本人，都留下不小的遗憾。

殷墟发掘和《安阳发掘报告》，奠定了中国现代考古学的基础。《甲骨文断代研究例》和《两周金文辞大系图录考释》，则通过对文字和铜器的科学研究宣告了传统金石学的终结，并为中国现代考古学提供了基本的研究方法和范例。中国学者在二十世纪三十年代完成的田野考古、甲骨文和青铜器三方面的突破，把两千年来的古史研究，从考据学和金石学的基础，提升到现代科学的基础。而这些田野考古、甲骨文和青铜器研究的具体成果，也为其后的夏商周研究提供了坚实的、而且相当完备的条件。此后中国的考古学，以及关于夏商周的研究，应该可以快马加鞭地展开了。

然而这时中国的历史却发生了一连串足以影响学术研究的事件。三十年代后期日寇侵华，民族矛盾空前激化。抗日战争，以及所有重要学术机构和大学的南迁，导致斯文扫地，学术研究无从谈起。抗战胜利后又有国共之争。这时的学者，面临的只有何去何从的抉择。1949 年钟山风雨，国民党政府席卷历代文物溃逃，使台湾成为名符其实的宝岛。前面提到的这三位人物，李济、董作宾和郭沫若，分别为旧政权和新政府视为国宝。李济、董作宾偏居台湾，成为蒋介石所尊崇的名士。郭沫若出任新政府政务院副总理，并兼中国科学院院长。中国历史的这段变故，使学术研究处于停滞，还导致李济、董作宾和郭沫若过早淡出学术核心。夏商周三代的研究，当然地落到了后学的肩上。

五、邹衡《夏商周考古学论文集》[31]

邹衡的《夏商周考古学论文集》出版于 1980 年，分三部分对夏、商、周考古文化作了七篇专文研究。

和前面提到的几位大师比，《论文集》作者显然是站在了巨人的肩上，在方

31 邹衡：《夏商周考古学论文集》，文物出版社，1980 年。文中或称《论文集》。

法论上综合了前人之长。作者的两篇关于商文化研究，便是以新出的考古资料结合地层、铜器、卜辞和陶器对整个商文化的分期研究[32]。其研究结论不仅青出于蓝，还是中国考古学迄今惟一的商文化编年体系。

这两篇关于商文化分期的文章，也是《论文集》中两篇曾经公开发表过的作品。从五十年代到七十年代末，中国历经三反五反、反右、四清和文化大革命等运动。这时期历史界热衷于有关社会形态的讨论。历史为时政所用，以致政治弄史的事态相当严重。考古界虽距时政稍远，但《论文集》作者也曾几度遭"白专道路"的指责。读者由此可以了解为什么《论文集》七篇文章中有五篇几易其稿而未见发表。也可以体会作者多年来"屡教不改"，不为时事左右而痴迷学术的心志。

对于夏商周研究来说，这个时期则发生了两个潜移默化但非常重要的变化：第一，考古资料逐渐成为夏商周研究的基础。随着大规模的经济建设，考古工作在黄河流域全面地铺开了。除了继续殷墟的考古发掘之外，这个时期的田野考古，已经推向了文献记载的夏商周活动的所有地区，并且在豫西、郑州、安阳、周原、丰镐等夏商周活动的中心地区取得了重大的进展。包括城市、聚落、宫殿、作坊、住房、墓葬、礼器、兵器、工具和日常用具在内的夏商周的遗迹和遗物纷纷出土，代表夏、商、周各个时期的考古文化都在这个时期相继问世。考古资料的不断积累和发现，使考古资料在夏商周研究中的地位已经越来越重要了。第二，考古学研究逐渐成为夏商周研究的先导。随着考古专业水平的提高，考古学者对考古资料的处理，如文化或类型的划分，地层或典型单位的区分，器物的分型分式等，也达到相当细致的程度。因此，驾驭考古资料所要求的专业知识也越发高深，以致未经考古训练的历史学者在夏商周的学术讨论中

---

[32] 邹衡：《试论郑州新发现的殷商文化遗址》，见注 31，第 3-29 页，原载《考古学报》1956 年 3 期。以及邹衡：《试论殷墟文化分期》，见注 31，第 31-92 页，原载《北京大学学报•人文科学》1964 年 4、5 期。

逐渐地显得被动和吃力[33]，考古学者却逐渐地置身到夏商周研究的最前沿了。

这两个变化，实际上增加了考古学者的责任：一方面，这要求他们要运用地层学、类型学等手段更深人地研究考古文化遗存——这方面中国考古学者的能力是毋庸置疑的；另一方面，还要求他们能够把这些经过缜密考古研究的资料加以较高层次的整合，以达到考古资料为历史研究所用的目的[34]。《论文集》便是这两方面研究的典范。

《论文集》最重要的贡献，是以夏商周历史线索通盘整合黄河流域相关的考古文化。作者的方法是：首先通过地层学、类型学等手段牢牢把握各考古文化的年代，地域和文化特征，然后按照各个文化的时代、分布、文化发达水平、文化规模和与相关文化的关系，用夏商周的历史线索对黄河流域的考古文化进行考察，使相关的考古文化对号入座获其历史含义。由此可以对考古文化直呼其名：如二里头文化为夏文化等等。当然，作者的整合研究不单是在考古文化上对夏、商、周的认定，还要对与夏商周相关的考古文化作出说明。于是更提出了与夏同时活跃于黄河流域历史舞台的先商文化，以及其后与商同时的先周文化。这样以夏商周历史综合研究黄河流域相关的考古文化，比通常所见的那种孤立研究某一考古文化的作法显然立于不同的高度，其研究结论也就更具说服力。

---

33 没有经过专门训练的人，在直接引用考古资料时，容易犯常识错误。比如有人以“二里岗两期土层厚度各约为人民公园期上层的三倍”，来推订二里岗两层所代表的时间比人民公园期上层代表的时间更长久（李学勤《近年考古发现与中国古代社会》，《新建设》，1958 年 8 期）即是一例。不能用堆积层的厚薄推订其文化时代的长短，这是地层学和田野考古的常识。

34 整合是对较大区域内考古文化关系的一种综合研究。目的是对一定地理范围内所有主要考古文化的时代、 分布和文化间的关系做出全面和整体的估计。七十年代以来，中国考古界有两种整合研究的方法。一种是由苏秉琦等倡导的区系类型论。主要用于缺乏文献的新石器时代考古文化的研究。另一种就是邹衡的历史整合方法，即以夏商周历史线索为依据来整合相关的考古文化。严格说来，必须先用区系类型的主要方法地层学和类型学来研究考古文化和把握考古文化间的关系，才能以对诸考古文化依照历史线索加以整合。因此也可以说这两种方法往往是一个研究过程中的两步。

作者在《论文集》中是以所有七篇研究完成以上的整合的[35]。笔者为行文上的方便，贸然把《论文集》作者关于黄河流域考古文化的整合按时代顺序做以下概括：

1. 黄河中游的龙山文化，尤其河南龙山文化是夏文化的主要渊源。由于年代和文化性质等条件的限制，不能把河南龙山文化纳入夏文化的范畴之中。

2. 在黄河中下游晚于龙山文化的考古文化中，黄河以南、河南境内的二里头文化从第一期到第四期均是夏朝时期夏族文化；黄河以北、河南河北境内与二里头文化并行的是商族建商之前的先商文化；其东的岳石文化或属东夷文化。

3. 商时期的商文化分布遍及河南、河北、山东、湖北、山西和陕西等地；成汤到太戊都于亳，其地在郑州；仲丁、外壬所都之嚣应在郑州之北的小双桥；河亶甲至阳甲所都之相、庇、奄等，其地由现有考古资料暂不可考；盘庚到帝辛居殷，即安阳小屯。

4. 太行山以西的黄河中上游流域是周文化的发祥地。追本溯源，周文化一部来自山西太行山以西的姬周文化——其代表或可是太原的光社文化；一部来自甘青地区的姜炎文化，其代表或是辛店、寺洼文化。在商代，这两支文化和商文化相互融合，形成了以这三种文化因素为主的先周文化。

5. 先周文化大约形成于商代祖甲以后。早期先周文化重心在宝鸡、岐山一带的泾渭地区。晚期则在长安沣西地区。灭商以后，周文化便以丰镐为中心发展起来。

考古专家们也许会想：这样的概括并不得考古之要领。的确，关于二里头

---

35 作者后来对自己的研究又有许多说明或补充，收于《夏商周考古学论文集（续集）》，科学出版社，1998 年。

一至四期的属性[36]、郑州商城的属性以及周文化来源问题的争论，才是近二十多年来夏商周考古的三个中心议题。《论文集》作者在这三场讨论中的主导作用也是无争的。而笔者这样概括出于两个原因：其一，笔者本文讨论的是夏商周研究，所据的主要还不是考古研究的层面[37]。其二，笔者一直认为：多年来在这三个议题的讨论中，《论文集》作者的对手缺少的就是这种整合的概念。因此所有的讨论都陷入个别考古文化甚至更窄的范围以内。所幸的是，讨论的结果逐渐趋向对《论文集》作者研究结论的认同。有关夏商周的研究，便可以根据这一整合的结论，把各考古文化中数量众多的考古资料直接地、充分地引入到历史研究甚至其他人文科学研究的层面上。这就是以历史线索整合考古资料的优点，也是作者对夏商周研究的最重要贡献。

以历史线索整合考古资料，重点在考古资料的整合，也就是把握大区域内各考古文化间的关系。《论文集》的整合把黄河流域视为一个整体。由于这个区域中出现夏商周时期的、与已知诸考古文化各异的新考古文化的机会并不太多，作者的整合研究，也就大大不同于就单一考古文化的历史背景进行的探索[38]，也不同于常见的、在两个考古文化之间的比较。在整合研究中，作者采用了“由已知推未知”的步骤。这里的“已知”不仅指某些考古文化的历史背景的确定性，更指考古文化本身在年代、地域、特征上的确定性，以及一个区域诸考古文化之间在相互关系上的确定性。基于这样的“已知”，《论文集》所推定的夏文化、先商文化以及先周文化，在夏商周时期黄河流域考古文化的整体上脉络清楚，井然有序。其结论不仅有已知商文化或已知周文化作为支点，更有全区考古文化序列、考古文化关系的确定性作为依据。作者从文献记载和考古文化关系两方面的“已知”对考古文化历史背景进行研究，这在考古研究法上也是

36 不久前出版的《偃师二里头》一改学术界公认的二里头四期的分期，把二里头遗址分为六期。细读之后，发现作者只是在原来学术界公认的二里头四期之后加了两期商文化。见中国社会科学院考古研究所编著：《偃师二里头》，中国大百科全书出版社，1999 年。

37 关于《论文集》作者对二里头文化、二里岗上下层以及亳都的考古研究，陈旭的《邹衡先生与夏文化研究》一文有较详细的论述。见陈旭：《夏商文化论集》，科学出版社，2000 年。

38 譬如《安阳发掘报告》里徐中舒指仰韶文化为夏文化的研究。见注 12，第三期。

一个创造。

作者在以历史线索整合考古资料的过程中，奉行的是文献和考古资料的互证。在考古证据足以证明文献的失误时，则依从考古证据对文献加以修订。作者从考古证据出发逐一考订文献上有关亳都的记载，最后不拘泥于文献，提出郑州乃亳都之说便是一例。这也是《论文集》在学术上的又一个重要贡献[39]。

实际上，以历史线索整合考古资料，不仅贯穿于《论文集》本身，也体现在作者的考古教学和其他研究之中。由作者带领或安排的北大的考古实习，几乎无一不负有查证文献的任务。由作者率先进行考古调查的北京房山琉璃河遗址，后来经发掘确定为西周初年武王始封召公之地燕；作者率领的晋南考古调查，后来集中到天马-曲村遗址的发掘，这里又确定为西周早期成王始封其弟叔虞之地唐。无论考古调查有没有实际收获，由考古调查对文献记载进行评估，往往比由文献到文献更有说服力。这也是作者在《论文集》中使用到的方法。

《论文集》主导了二十世纪后二十年夏商周考古研究的讨论，是迄今中国考古学界对黄河流域夏商周考古文化做通盘整合研究的惟一代表。有鉴于考古资料在夏商周研究中的重要，这一整合的价值是不言而喻的。《论文集》的结论，会因新的考古发现和研究所补充或校正，但在二十世纪，《论文集》作者和盘托出的这个体系，无论方法或结论都是开创性的。因此《论文集》在二十世纪后半的夏商周研究中具有里程碑的意义。

六、回顾与展望

二十世纪是夏商周研究取得突破进展的世纪。进展的主线是“地下史料”对夏商周研究的参与。其中经历了三个重要的阶段：首先是从晚清对上古的单纯文献研究，发展到民国初年甲骨文等“地下史料”在学术研究中得到认可。王国维是促成这一转变的杰出代表；二十年代末到抗战以前，由殷墟发掘建立

39 从王国维的“以地下史料印证文献史料”，到邹衡以地下史料补充文献史料之不足，这个过程符合考古资料和考古研究在二十世纪夏商周研究中愈渐重要的变化。

了中国现代考古学。考古发掘以及甲骨文和青铜器的分期研究开创了对“地下史料”的科学化。李济、董作宾和郭沫若等人为此贡献最为显著；新中国建立之后，中国考古进入“黄金时代”。“地下史料”成为中国早期历史研究的新的、主要的基础。而邹衡以夏商周历史线索对黄河流域诸考古文化所做的整合，从整体上实现了“地下史料”和夏商周“文献史料”的相互印证与结合，因此成为二十世纪夏商周研究取得进展的又一突出标志。

有关夏商周三代的年代、地望、特征等问题，是两千多年来中国学者试图说清楚而说不清楚的问题。二十世纪夏商周研究的最大成就，便是就这些问题依照“地下史料”做出了科学的、大致清楚的、基本毋庸置疑的说明。在这个意义上，可以说传统学术的终结是在二十世纪实现的。

这不是说今后有关夏商周的年代、地望、特征等的讨论没有意义，而是说二十世纪的夏商周研究，已经为今后更加深人地研究夏商周历史提供了基础。所谓更加深入，就是超越年代、地望、特征等经典议题，研究那些有助于理解夏商周制度，进而理解中国传统甚至东方早期文明特性的议题[40]。

实际上，王国维的《殷周制度论》[41]就是这类研究的滥觞。在对这篇文字的恭敬之余，笔者只能说，这还是一篇未经充分论证的纲要性文献。笔者试问：如果立于今天夏商周研究的基础，王国维在这个题目上又会何等地发挥呢？

二十一世纪有关夏商周的研究，还将脱离文献所限定的黄河流域，把二十世纪所完成的，以夏商周三个族群为主体的框架，改进为以夏商周三个时期为主体的早期中国文明区的框架。考古文化的整合研究将跨越大河流域，扩及全区范围。对比研究的范围还会更大。研究的方法也会更新，甚至有可能由新世

---

40 西方学术界的一些人，私下里认为中国考古学界只能回答 Where（何地）、When（何时）以及 What（何物）等初级问题，而他们可以回答 Why（为何如此）以及 How（怎样致此）等较高层次的问题。笔者在哈佛学习时，曾几次与同学讨论过这类题目。笔者的意见是，中国考古学所面临的发掘和整理工作远远比西方一些人想象的要多。地层学和类型学的发达，以及由此对考古资料处理的科学化是中国考古学对世界文明遗产的责任。在众多科学资料的基础上，我们的更深入的研究将会更有水准。

41 见注 10。

纪的夏商周研究形成和推出新的、历史科学的方法论和理论。

研究议题、范围和方法的超越，应该是新的世纪夏商周研究的主流。这个方向，也符合新世纪信息革命、知识革命以及社会发展的潮流：资料的发表、讨论和研究都将通过国际网络与世界接轨，由此，参与夏商周研究人员的教育和知识背景各异，数量大大增加。研究课题、理论、方法、手段的多元化，讨论的广泛、深入、充分和自由等都是注定的趋势[42]。从这个意义上，作为对早期世界文明的最重要地区之一的夏商周研究，当然会更加引人人胜，为世界所关注。

[42] 讨论的广泛、深入、充分和自由，也就是“百家争鸣”。这就要对九十年代的“夏商周断代工程”提点个人意见。笔者并不否认工程参加者或首席科学家们在夏商周年代学上所做的工作，也为上级对夏商周年代的特殊关怀所感动。但笔者认为：用“工程”来解决社会科学中有争议的学术问题恐怕是要事与愿违的。从学术史角度甚至还有可能是否定的。因为“工程”的要素是参加人员和完成时间，而这两者都是有违学术研究“百家争鸣”特性的。 笔者怀疑，中国以至世界的学术界真能不加争辩地接受这由工程参加者完成的结论？如果允许其他意见加入讨论，无论多么庞大的“工程”，不也只能代表一家之说吗？如是一家之说，这“工程验收”岂不是对上级的不尊重？依笔者管见，比起以超英赶美的大炼钢铁，用“工程”对有争议的学术问题做结论说不定还更难呢！

后 记

一

2022 年夏天，我们全家四口驾车旅游。那天住在缅因州的巴尔港（Bar Harbor）。晚饭后如常翻翻手机，看到了一些关于《夏商周断代工程报告》的报道。出门旅游之前已经知道这本报告出版了，因此翻到这些报道我也不太在意。毕竟我批评夏商周断代工程的《简本》已经是二十年前的事了。时过境迁，即便这新出版的报告依然有错，需要纠正或者批评，这些工作也应该是晚辈后学的担当和责任了。

这不经意的乱翻，在一篇关于这部报告的报道中看到了邹衡、俞伟超两位先生的名字。这篇报道的大意是：邹衡、俞伟超等已故的夏商周断代工程专家组成员，为完成这本报告贡献了自己的智慧、才华和心血，也盼望着这部报告的出版。

这篇对所有读者都甚为普通的报道，却让我夜不能寐。这两位先生，我十分熟悉和了解。除了大家熟知的他们对考古的执着和热情、他们治学的严谨和一丝不苟、他们对歪风邪气的痛恨和不容之外，作为夏商周断代工程专家组的成员，在他们生命的最后几年，他们对李学勤等人在断代工程专家会议上专横跋扈和搞一言堂的无奈、对工程负责人学术道德和学术水平低下的不屑，对工程年代研究方法和年代结论的不认同，甚至对李学勤等常常向他们摆出的轻蔑态度的无法释怀，两位先生对我讲述的这一切，仍然历历可数。现在看到用他们的名字来粉饰断代工程的报告，这明明是对他们的大不敬，甚至是对他们的侮辱！

我又想，邹衡、俞伟超两位先生，以及许多前辈学者羞与断代工程为伍的态度，国内同行有太多人了解，很多人比我了解得更多更深。可是随着一位位与他们深交的先生、他们的挚友甚至学生先后撒手人间，还有谁能出面帮他们说说话呢？又能怎么帮他们说呢？思绪回到二十年前那场始于芝加哥会议、关于《简本》错误和问题的大论战，双方几乎宣战式的、各自倾尽力量和资源的角力。这场争斗的喧嚣和起伏，双方的斗法和招数，现在又还有多少人了解和知情呢？

由此突然想到，如果我再保持沉默，今后自己恐怕便无颜告慰祭奠这些先生，二十年前我们在诸多先生们的鼎力相助之下，一起揭露《简本》错误的努力也可能付诸东流了。我必须再次动笔，以我对诸位先生们的了解，以我对《简本》错误的认识，以我自己二十年前在芝加哥会议、在正反双方围绕这次会议成果的较量所处的位置，出面对夏商周断代工程和两本报告加以评论。

二

本文的写作包括两个部分：一，回顾二十年前揭露《简本》错误的芝加哥会议，以及学术界明显对立的双方围绕《简本》错误的较量。二，揭露新发行的《夏商周断代工程报告》所承袭的《简本》的关键的错误，并根据该报告所有这些超出学术道德底线的、方向性的错误，指出该报告是学术史少见的欺世之作。

2002 年 4 月由断代工程高层专家参与的芝加哥辩论会之后，学术界关于断代工程和《简本》出现了一场大多不见文字但严重对立的较量。由于很少见于文字，界内很多学者和广大读者并不了解芝加哥会议和这场较量的细节。笔者以自己保留的信件、笔记、电子邮件、电脑文件以及公开发表的文章为据，对这次双方的争斗和角力做简要的回顾。其中一些行文可能并非研究性的文字，但没有这些陈述，后人就不太可能对这场当代国内外学术界围绕《简本》错误曾经出现的、激烈的和高层级的较量有比较切实的了解。

关于 2022 年 6 月出版的《夏商周断代工程报告》，我的重点则集中在指出《报告》承袭了《简本》全部关键错误、并且不采纳二十年来所有主要批评意见。依照学术研究的惯例，在更新自己的研究时，顽固坚持旧本里明显而且关键的错误、绝不理会任何指出旧本错误的批评意见，这两点中只要有一点，就已经是大忌。回顾学术史，很难找到犯下如此大忌的先例。唯有断代工程的负责人和领导者，错误地以“国家工程”自大，以自己掌控界内的话语权逞强，完全不顾学术研究的基本道德，以白纸黑字公开挑战学术研究的底线。作为回应，本书不得不以“欺世之作”来形容新出版的《夏商周断代工程报告》。

三

本书主要批评了夏商周断代工程的方法论和年代研究。但笔者多年来一直认为，年代学研究不应该再是夏商周研究的重点。只是因为断代工程领导者靠着“国家工程”，逐渐掌握了历史考古界的话语权。在这几位名重识暗的人士的错误领导之下，整个学科的研究偏离了方向。也是由于这几位人士所规划的断代工程出现了严重的错误，才使笔者不得不两度出手，批评断代工程年代研究中出现的严重的、甚至荒谬的错误。

笔者承认：克商年是历代历史家梦寐以求摘取的、中国史学研究的桂冠。但笔者一直主张：夏商周年代的框架已经基本清楚，许多比夏商周考古分期和具体年代更重要的题目正等着这一代或下一代的人展开研究。2000 年，笔者在《二十世纪夏商周研究的进展》这篇文章（附件 10）中，对新世纪夏商周研究的可能方向做了一些估计。甚至在笔者八十年代晚期的博士论文中，便对新的方向做过大胆尝试[1]。因此，本书虽然集中讨论西周年代学问题，但笔者更希望

[1] 蒋祖棣：《玛雅与古代中国——考古学文化的比较研究》，中国社会科学博士论文文库编辑委员会选编，中国社会科学出版社，北京，1993 年。

夏商周研究尽快出现年代学以外的更重要的突破。

经过我们的前辈在二十世纪的努力，夏商周研究取得了重大的进展[2]。可是进入二十一世纪之后，夏商周研究却出现了如《夏商周断代工程简本报告》、《夏商周断代工程报告》这样为学术史留下严重污点的作品。纠正这样的错误固然重要，但夏商周研究何时能够转向正轨，取得与二十世纪可比的、甚至更大的进步，才是吾辈和后学更应该认真思考的问题。

四

笔者选择委托美国溪流出版社出版和发行本书的正式版。这是因为当今世风日下，国内外的学界和出版界都不够健康的环境，蒲松龄《罗刹海市》故事里是非颠倒的现象似乎处处隐现。经济和政治利益，正在成为许多文化人、出版社权衡自己行为的最大优先或唯一优先。为了不像蒲松龄故事里那位马骥用涂黑自己面目去迎合罗刹国错乱的审美标准，笔者选择了在尊重言论自由、忠实作者原著上口碑甚好的溪流出版社出版本书。这样可以免去一层层带有各种利益或错乱标准的审核批准，免去对本书背景的各种联想和猜测，免去他人或相关出版社为本书受到牵连的可能。

这里还请大家注意，网上可能流传以笔者署名为《欺世之作：夏商周断代工程报告》的文字，或以笔者之名叙述的、未曾公开发表的关于批判夏商周断代工程的文字。这些可能是未经笔者同意、经他人转发的草稿本，或由他人改动过的文字。笔者申明：只要与正式出版的本书本文或附件有差异的、非正式出版的文字，不代表笔者的意愿。读者在引用或转发本书或笔者其他的文字之前，请确认是正式发行的笔者的文字。

本书的写作过程中，得到了众多界内挚友、同学和在中国、美国的朋友的

2 上世纪的夏商周研究取得了极其重要的突破和进展。详见笔者在附件 10，《二十世纪夏商周研究的进展》一文中展开的讨论。

帮助、指教或建议，笔者由此获益良多。在此特向各位表示深切的感谢。

本书的封面是笔者自己设计的。封面选用的青铜簋由笔者 1980 年发掘出土于山西省曲沃县曲村镇的 6080 号墓。该墓葬的详情可见于北京大学考古系所著《天马——曲村》考古发掘报告[3]的第 394-404 页，铜簋照片见该报告图版八十。

蒋祖棣

2023 年 12 月

加州弗里蒙特（Fremont, CA）

3 《天马——曲村 1980-1989》，科学出版社，2000 年，北京。

www.ingramcontent.com/pod-product-compliance
Lightning Source LLC
Chambersburg PA
CBHW060313240426
43661CB00059B/2747
9781933447674